Norman Alexis Colindres Pinoth

UNIDAD INSIGNE DE COMUNICACIONES

AF115596

Norman Alexis Colindres Pinoth

UNIDAD INSIGNE DE COMUNICACIONES

Reseña Histórica

Editorial Académica Española

Imprint

Any brand names and product names mentioned in this book are subject to trademark, brand or patent protection and are trademarks or registered trademarks of their respective holders. The use of brand names, product names, common names, trade names, product descriptions etc. even without a particular marking in this work is in no way to be construed to mean that such names may be regarded as unrestricted in respect of trademark and brand protection legislation and could thus be used by anyone.

Cover image: www.ingimage.com

Publisher:
Editorial Académica Española
is a trademark of
Dodo Books Indian Ocean Ltd. and OmniScriptum S.R.L publishing group

120 High Road, East Finchley, London, N2 9ED, United Kingdom
Str. Armeneasca 28/1, office 1, Chisinau MD-2012, Republic of Moldova, Europe
Managing Directors: Ieva Konstantinova, Victoria Ursu
info@omniscriptum.com

Printed at: see last page
ISBN: 978-620-0-03350-5

Copyright © Norman Alexis Colindres Pinoth
Copyright © 2025 Dodo Books Indian Ocean Ltd. and OmniScriptum S.R.L publishing group

Reseña Histórica
Unidad Insigne de
COMUNICACIONES

Norman Alexis Colindres Pinoth

First Communications Battalion

Precisión

Las opiniones y juicios expresados en esta compilación son únicamente responsabilidad del autor. En ningún caso representan la posición oficial de las Fuerzas Armadas de Honduras.

Índice

Precisión 1
Prefacio 4
SECCIÓN I.   IMPORTANCIA DE COMUNICACIONES EN EL ÁMBITO MILITAR .5
1. Las Comunicaciones en la Defensa Nacional 5
2. Las Comunicaciones Militares 6
3. Contexto General del Batallón de Comunicaciones dentro de FFAA. 7
4. El Arma de Comunicaciones, Pilar Estratégico en Operaciones Militares 8
5. Razones para Crear la Unidad de Comunicaciones 9

SECCIÓN II.   CREACIÓN DEL BATALLÓN DE COMUNICACIONES 11
1. Establecimiento del Batallón de Comunicaciones 11
2. Factores que Establecieron el Batallón de Comunicaciones 17
3. Pioneros del Batallón de Comunicaciones 20

SECCIÓN III.   EVOLUCIÓN HISTÓRICA DEL BATALLÓN 25
1. Transformación de Organización, Tecnologías y Misión 25
2. Participación en Operaciones de Paz y Misiones Humanitarias 28
3. Avances Tecnológicos y Técnicas de Comunicación 29

SECCIÓN IV.   APORTACIONES ESTRATÉGICAS 34
1. Participación de la Unidad de Comunicaciones en Campañas Militares 34
2. Participación del Batallón de Comunicaciones en Operaciones 35

SECCIÓN V.   ASPECTOS HUMANOS 37
1. Testimonios, Tradiciones y Anécdotas 37
2. Formación, Entrenamiento y Vida Diaria de la Unidad de Comunicaciones 48

SECCIÓN VI.   COLABORACIÓN NACIONAL E INTERNACIONAL 51
1. Participación en Misiones Conjuntas con otras Fuerzas Militares 51
2. Cooperación con Organismos Civiles y Gubernamentales 52

SECCIÓN VII.   LEGADO Y FUTURO DE COMUNICACIONES 53
1. Contribución Histórica del Desarrollo de Comunicaciones del País 53
2. Desafíos y Metas de la Unidad de Comunicaciones 54
3. Proyección de Comunicaciones en un Mundo de Tecnologías Avanzadas 56
4. Reflexiones y Análisis Critico 58

SECCIÓN VIII.   IMPORTANCIA DEL BATALLÓN DE COMUNICACIONES 63
1. La Importancia de la Unidad de Comunicaciones 63
2. Relevancia de la Unidad de Comunicaciones en FFAA y el País 64

Anexos 65
Siglas y Acrónimos 74
Palabras más Buscadas 75
Biografía del Autor 76
Notas y Recomendaciones 77

Prefacio

El propósito de la **Reseña Histórica de la Unidad de Comunicaciones** *es promover el análisis sobre el uso ético y responsable de las tecnologías de comunicación en el ámbito militar, además de preservar el legado de eventos, avances y experiencias clave que servirán como referencia histórica para las futuras generaciones.*

La comunicación es esencial en el ámbito militar, ya que asegura la coordinación estratégica y operativa en misiones críticas. La creación del Batallón de Comunicaciones marcó un hito en la modernización y profesionalización de las Fuerzas Armadas, facilitando el uso de tecnologías avanzadas a lo largo de su evolución.

Las aportaciones estratégicas del Batallón han sido fundamentales en la defensa nacional, mientras que el compromiso humano de su personal destaca en operaciones tanto nacionales e internacionales. **La Unidad de Comunicaciones** *no solo representa un legado de innovación y colaboración, sino también un proyecto clave y prometedor para garantizar la ciberseguridad del País.*

Espero que esta compilación, que resalta las capacidades operativas y estratégicas de las comunicaciones, sirva como una reflexión sobre el uso de las tecnologías en apoyo a la Institución Militar y al País.

SECCIÓN I. IMPORTANCIA DE COMUNICACIONES EN EL ÁMBITO MILITAR

1. **Las Comunicaciones en la Defensa Nacional**

    Las comunicaciones en la defensa nacional[1] en las últimas décadas, la humanidad ha sido testigo de la llamada "revolución tecnológica", marcada por importantes avances técnicos y científicos. Estos progresos han tenido un impacto significativo, especialmente en el ámbito de las comunicaciones, las cuales se han convertido en un pilar estratégico para la Defensa Nacional. Dada su importancia, las comunicaciones deben recibir atención prioritaria en la planificación y ejecución de operaciones militares, ya que son esenciales para garantizar la coordinación, eficacia y éxito de cualquier estrategia de defensa.

    La electrónica, como base de las comunicaciones, desempeña un papel crucial en la defensa del país. Dependiendo del tipo de conflicto, las comunicaciones tienen funciones específicas:

    a. En una guerra convencional, son el tercer elemento clave en la batalla, después del fuego y el movimiento.

    b. En una guerra nuclear, las comunicaciones son esenciales para la prevención, la alarma temprana y la ejecución de la réplica estratégica.

    c. Durante la ejecución de operaciones militares, las comunicaciones son el enlace indispensable entre las fuerzas en el terreno y los centros de mando.

    La importancia de las comunicaciones se extiende más allá del ámbito militar, ya que influyen profundamente en la sensibilidad colectiva y tienen un impacto significativo en los aspectos sociales, culturales, políticos, militares y económicos de los Estados.

---

[1] *Las Comunicaciones en la Defensa Nacional. Coronel Álvaro Martínez Salcedo Oficial del Ejército Colombiano.*

Por esta razón, es fundamental reconocer el papel crucial que las comunicaciones tienen en la preparación y desarrollo de las Fuerzas Armadas. No se puede descuidar su importancia, ya que son el medio que permite planificar, coordinar y ejecutar operaciones militares de manera efectiva, contribuyendo a la preparación estratégica de las Fuerzas Armadas en el contexto de la Defensa Nacional.

En los conflictos armados modernos, las comunicaciones territoriales han demostrado ser esenciales para el éxito, sin importar el tipo de guerra. Dos ideologías predominantes sobre mando y control en la filosofía militar moderna estadounidense y la soviética se diferencian en cómo abordan las comunicaciones. Ambas coinciden, sin embargo, en que el mando y control está intrínsecamente ligado a las comunicaciones en un concepto conocido como C4 (Comando, Control, Comunicaciones y Computación). Estos elementos son inseparables en la gestión de las organizaciones militares modernas.

2. Las Comunicaciones Militares

Las Comunicaciones Militares comprenden las actividades, equipos, técnicas y tácticas utilizadas por las Fuerzas Armadas en entornos de difícil acceso o peligrosos, ya sea en tierra, mar o aire. Estas comunicaciones son esenciales para garantizar la coordinación y efectividad en las operaciones militares. Sus funciones principales incluyen:

- ❖ Comando
- ❖ Control
- ❖ Comunicaciones
- ❖ Inteligencia

Inicialmente, estas funciones se agrupaban bajo el modelo C3I (Comando, Control, Comunicaciones e Inteligencia) antes de la integración total de los computadores. Con el tiempo, al reconocer el papel crucial de los sistemas informáticos automatizados para enviar y recibir grandes volúmenes de datos, el modelo evolucionó a C4I, incorporando la computación como un elemento esencial. Este cambio destacó la importancia de la tecnología en el manejo de información y la capacidad de respuesta en las operaciones militares modernas.

3. **Contexto General del Batallón de Comunicaciones dentro de FFAA.**

En la Sección II de la Ley Constitutiva de las Fuerzas Armadas, **Artículo 110**[2]. Describe que el Ejército está constituido por los Oficiales, Sub-Oficiales, Caballeros Cadetes, Soldados y Personal Auxiliar, organizados en Armas y Servicios, así como por el armamento, equipo, materiales y demás muebles e inmuebles registrados en sus libros de propiedad e inventario. El Artículo 111 menciona son Armas del Ejército: Infantería, Caballería, Artillería, Ingeniería de Combate y Comunicaciones.

El Arma de Comunicaciones está compuesta por unidades especializadas en transmisiones, las cuales están entrenadas y equipadas para apoyar las unidades de operaciones de Fuerzas Armadas. Estas unidades tienen la responsabilidad de:

a. Brindar apoyo en sistemas de información y telecomunicaciones.
b. Participar en guerra electrónica, asegurando el control y defensa de las comunicaciones.

La labor del Arma de Comunicaciones se desarrolla en tres niveles operativos: **Nivel Estratégico**, se enfoca en la planificación general y en los objetivos a largo plazo de las operaciones militares.

Nivel Operativo, se orienta a la coordinación de misiones y recursos entre las diferentes unidades de Fuerzas Armadas.

Nivel Táctico, se centra en las acciones específicas realizadas directamente en las operaciones militares en el campo de batalla.

Estos niveles garantizan una comunicación efectiva y adaptada a las necesidades de cada etapa de las operaciones militares. Además, el Arma de

---

[2] *Ley Constitutiva de las Fuerzas Armadas decreto número 98-84, Publicado en el Diario Oficial "La Gaceta" No. 24517 del 12 de enero de 1985.*

Comunicaciones se encuentra en los componentes terrestre, aéreo y marítimo de Fuerzas Armadas, garantizando una red eficiente y segura, para el cumplimiento de las misiones militares.

La insignia del Arma de Comunicaciones es de carácter universal, está compuesta por dos banderolas cruzadas que representan la comunicación y el enlace entre unidades militares. En el centro de la insignia se encuentra una antorcha, símbolo de iluminación, conocimiento y transmisión de información. Esta combinación de elementos destaca la importancia estratégica de las transmisiones como medio que garantiza el flujo constante de información en las operaciones militares.

Insignia de Comunicaciones

4. **El Arma de Comunicaciones, Pilar Estratégico en Operaciones Militares**

   El Arma de Comunicaciones, como un instrumento esencial de apoyo al combate, garantiza el mando, la coordinación y el control de las operaciones militares, desempeñando funciones vitales en tiempos de paz o crisis:

   a. En tiempo de paz: Apoya de manera eficiente las actividades institucionales, utilizando todos los medios tecnológicos disponibles, para mejorar la organización y la preparación militar.

b. En tiempo de crisis: Es la primera en entrar en acción durante las operaciones militares y la última en retirarse. Asegura la continuidad del mando y la comunicación. Estos dos factores son cruciales, para el éxito en el campo de batalla.

El Arma de Comunicaciones, por su naturaleza compleja y exigente, requiere personal con vocación, dinamismo y flexibilidad, capaz de gestionar los entornos radioeléctricos, electromagnéticos y cibernéticos.

5. **Razones para Crear la Unidad de Comunicaciones**

Durante las décadas de 1970 y 1980, en el contexto de la **Guerra Fría**, Honduras enfrentó la amenaza de la expansión comunista en América Central. Esto llevó a los gobernantes hondureños a establecer acuerdos con Estados Unidos, para realizar operaciones conjuntas y ejercicios militares en territorio hondureño. Fortaleciendo las capacidades militares mediante el adiestramiento especializado de personal en Fort Gulick, Panamá, reconocido por su experiencia en comunicaciones militares avanzadas.

Siguiendo **la doctrina norteamericana**, el 1 de enero de 1970 se creó el Cuerpo de Señales de las Fuerzas Armadas. La primera unidad táctica de comunicaciones que se organizó con el tamaño de una compañía. Uno de sus pelotones se dedicó exclusivamente a operar la Red de Comunicaciones Estratégica, encargada de garantizar la conectividad y el control a nivel estratégico de la institución castrense.

En 1976, como resultado de los avances en formación y tecnología, se fundó la Escuela de Comunicaciones de las Fuerzas Armadas (ESCOMFFAA). Su misión fue capacitar a personal altamente especializado, para apoyar y coordinar operaciones en los niveles operativo y táctico.

El **impacto estratégico** de la Unidad de Comunicaciones, fue poseer conectividad continua: Asegurando el flujo constante de información, para el control efectivo de las operaciones militares. La coordinación con los aliados, permitió ejecutar maniobras conjuntas con Estados Unidos siendo un éxito la modernización militar. Además, fortaleció las capacidades de las Fuerzas Armadas hondureñas, mejorándolas para enfrentar los desafíos de la Guerra Fría y garantizar la Defensa Nacional.

SECCIÓN II. CREACIÓN DEL BATALLÓN DE COMUNICACIONES

1. **Establecimiento del Batallón de Comunicaciones**

   En el desarrollo de las comunicaciones militares en Honduras, se creó la Escuela de Radiotelegrafistas, que operó en el antiguo Palacio de los Ministerios bajo la dirección del Señor José De la Rocha. En 1950, tras la reestructuración de las Fuerzas Armadas, se introdujo equipo de comunicaciones alámbricas como cables y teléfonos de campaña TA-1/PT. También equipos inalámbricos como radios AN/PRC-9 y OMC-12.

   Además, se formó un Pelotón de Radio Operadores que, bajo la dirección de la Jefatura de las Fuerzas Armadas, operaba una Red Estratégica. Esta red conectaba todas las zonas militares utilizando radios SSB-RCA de ocho canales. El mantenimiento de estos equipos estaba a cargo del técnico radiotelegrafista **Oscar Trochez**. Este avance mejoró significativamente las capacidades de comunicación y coordinación de Fuerzas Armadas.

Radios AN/PRC-9

Teléfonos TA-1/PT.

Después de la crisis de 1969 con la República de El Salvador, el Grupo Militar de los Estados Unidos de Norte América otorgó a las Fuerzas Armadas de Honduras las instalaciones de comunicaciones ubicadas en El Ocotal, Francisco Morazán. Posteriormente, la estación de comunicaciones que estaba a cargo de la Jefatura de Fuerzas Armadas fue trasladada a la Academia Militar, situada cerca del Obelisco en Comayagüela, MDC. Los encargados de operar los radios en esta estación eran los Sargentos de Segunda Clase: **Mario Silva, Pánfilo Madrid y Virgilio Carvajal Molina**. Este cambio fortaleció la infraestructura de comunicaciones militares en un periodo de reorganización tras el conflicto.

Ese mismo año, llegaron a la sede de El Ocotal, Francisco Morazán, el Subteniente de Infantería Camilo Castro, el Cabo José Arnulfo Zaldívar y un grupo de 30 personas de la etnia garífuna, provenientes de Tornabé, Atlántida, con el objetivo de capacitarlos en comunicaciones militares y aprovechar su conocimiento del idioma garífuna, para mejorar aspectos relacionados con la seguridad. Dicho grupo contaba con la supervisión del Capitán de Infantería

Gerardo Enrique Wildt Yates, quien ese año estaba asignado al Comando de Apoyo Logístico de las Fuerzas Armadas. Este esfuerzo representó un intento de integrar recursos humanos y conocimientos culturales, para fortalecer las capacidades estratégicas del Ejército.

El 1 de enero de 1970 se fundó el Cuerpo de Señales de las Fuerzas Armadas, compuesto inicialmente por dos pelotones: Un pelotón de radioperadores, encargado de operar la Red de Comunicaciones Estratégica de las Fuerzas Armadas. Otro pelotón que permanecía en adiestramiento en la sede de El Ocotal, Francisco Morazán. En ese momento, los equipos de comunicaciones utilizados incluían: KWM-2A (COLLINS): Radio de alta frecuencia (HF). AN/PRC-77: Radio de frecuencia muy alta (VHF). Seguidamente se incorporaron nuevos equipos como ser: Radios portátiles de Alta Frecuencia (HF) AN/PRC-74A y AN/PRC-74B. Equipos de telefonía: Cuadro conmutador SB-42, con capacidad para 2 troncales automáticos y 38 abonados. Cuadro conmutador SB-22/PT, con capacidad para 12 abonados. Teléfonos TA-312/PT, TA-43 y TA-1P/T. Esta evolución en el equipo fortaleció significativamente la capacidad de comunicación de Fuerzas Armadas, modernizando y ampliando su alcance operativo.

Teléfonos TA-312/PT

AN/PRC-77 Portable Transceiver

El Capitán de Infantería **Gerardo Enrique Wildt Yates** fue nombrado al mando de la unidad y dio inicio al adiestramiento en comunicaciones utilizando palomas mensajeras. Este método permitió establecer comunicación efectiva desde diversos puntos alejados de la capital entre 1972 y 1975. Durante este período, el número de efectivos se incrementó, convirtiendo la unidad en tamaño compañía. El comandante de esta etapa fue el Mayor de Comunicaciones José Edmundo Alcerro Proudoth, quien además ocupaba el cargo de G-6 en el Estado Mayor.

En 1975, el mando de la unidad pasó al Capitán de Comunicaciones Ángel Castillo Maradiaga, quien continuó las operaciones y mantuvo las mismas características de liderazgo y organización establecidas por su predecesor. Estos cambios reflejaron la consolidación y profesionalización del área de comunicaciones dentro de Fuerzas Armadas.

En 1975, ante la necesidad de mejorar el nivel de adiestramiento en comunicaciones, se envió un grupo de Suboficiales a Fort Gulick, Panamá, para recibir formación especializada. Con el resultado de estos avances, en 1976 se fundó la Escuela de Comunicaciones de las Fuerzas Armadas (ESCOMFFAA).

Esta institución introdujo por primera vez en el país el sistema de enseñanza FADEP (Programa de Desarrollo de la Facultad), que se basaba en una técnica de instrucción orientada a la ejecución práctica. La creación de ESCOMFFAA marcó un hito en la capacitación de personal de comunicaciones, permitiendo desarrollar habilidades más avanzadas y adaptadas a las necesidades estratégicas de Fuerzas Armadas.

En 1981, la unidad cambió su nombre a Cuerpo de Comunicaciones de las Fuerzas Armadas. En ese momento, estaba bajo el mando del Teniente Coronel de Infantería Hernán García Henríquez. En 1982, asumió el mando el Coronel de Comunicaciones **José Edmundo Alcerro Proudoth**[3], quien impulsó importantes mejoras. Durante su gestión se construyeron varios edificios, para ampliar las instalaciones y se adquirieron nuevos equipos de comunicaciones como ser radios de Alta Frecuencia (URC-87). Estas acciones fortalecieron tanto la infraestructura como la capacidad tecnológica del Cuerpo de Comunicaciones, permitiendo una mayor eficiencia en las operaciones militares.

Radio URC-87

---

[3] *Voltairenet.org School of the Americas de 1946 a 1996 https://www.voltairenet.org/article8597.html*

En 1986, el Coronel de Comunicaciones Ángel Castillo Maradiaga asumió el mando de la unidad. Durante su administración y mediante el Acuerdo No. 2192 del 1 de septiembre de 1987, la unidad cambió su categoría y pasó a denominarse **Primer Batallón de Comunicaciones del Ejército**. Este cambio dejó en suspenso lo establecido en el Artículo 175 de la Ley Constitutiva de las Fuerzas Armadas, que reconocía al Cuerpo de Comunicaciones como un Comando Especial.

En 1989, el mando fue asumido por el Coronel de Infantería Luis Alberto Soto Ponce, quien promovió importantes mejoras en la infraestructura. Durante su gestión, se construyeron varios edificios y se realizaron arreglos en las áreas existentes, lo que mejoró significativamente el aspecto físico de la unidad.

En 1991, el Coronel de Comunicaciones Ángel Castillo Maradiaga volvió a asumir el mando de la unidad, aunque fue reemplazado ese mismo año por el Teniente Coronel de Comunicaciones Mario Heriberto Silva Silva. Durante el liderazgo del Teniente Coronel Silva, la unidad fue trasladada al sector de Lepaterique, Francisco Morazán. Sin embargo, este cambio generó problemas, las instalaciones no eran adecuadas para el funcionamiento técnico de los sistemas de comunicaciones. Este traslado evidenció la necesidad de contar con infraestructura apropiada que garantizará la eficiencia comunicaciones.

En 1994, el Teniente Coronel de Comunicaciones **José Isaías Barahona Herrera**[4] asumió el mando de la unidad. Durante su liderazgo, la unidad fue trasladada a las antiguas instalaciones del Tercer Batallón de Artillería de Campaña, ubicadas en San Antonio de Oriente, Francisco Morazán. Este nuevo emplazamiento, contaba con un terreno de 420 manzanas el cual ofrecía espacio y mejores condiciones, lo que permitió mejorar su infraestructura y optimizar su progreso.[5]

---

[4] *Jefe del Estado Mayor Conjunto de FFAA. General de Brigada José Isaías Barahona Herrera (2002-2005)*
[5] *Aporte manuscrito del Coronel de Comunicaciones DEM. Virgilio Carbajal Molina*

La organización la Unidad de Comunicaciones ha experimentado varios cambios a lo largo de los años. Inicialmente, estaba compuesta por cuatro compañías: Una Compañía de Apoyo y Servicio y Tres Compañías Avanzadas de Trasmisiones.

Las misiones principales de estas compañías eran:

a. Proporcionar apoyo de comunicaciones a los Teatros de Operaciones.
b. Instalar, operar y mantener la red estratégica de Fuerzas Armadas.
c. Reparar el equipo de comunicaciones a través de un laboratorio.
d. Impartir cursos de comunicaciones por medio de la Escuela de Comunicaciones a miembros de la institución e instituciones del Estado.

2. **Factores que Establecieron el Batallón de Comunicaciones**

El mando es esencial para garantizar el control de una unidad en cualquier situación y las comunicaciones resultan indispensables para ejercerlo de manera efectiva. Todo comandante necesita las comunicaciones para controlar y coordinar sus acciones, lo que resalta su gran importancia. Aunque la necesidad de comunicarse ha existido siempre, en la guerra moderna esta necesidad se torna aún más crítica debido a las características de los conflictos de la época, basados en la rapidez de movimiento y los amplios frentes de combate.

Se afirma que no puede haber información sin comunicaciones; sin ellas, es imposible controlar el movimiento de las tropas o realizar las coordinaciones necesarias, tanto en el ámbito operativo como en el administrativo. Por lo tanto, las comunicaciones son fundamentales, para garantizar la efectividad de las operaciones militares.

a. **Las Tecnologías de Comunicaciones Militares Efectivas**

El avance tecnológico siempre ha sido uno de los principales motores de cambio en todas las áreas del conocimiento y sectores de actividad, incluyendo la Seguridad y la Defensa Nacional. Aunque la naturaleza de los conflictos, caracterizada por su componente político, social, bélico e impredecible, se mantiene constante, el desarrollo tecnológico ha marcado diferencias significativas a lo largo de la historia. En su momento, el ritmo acelerado de incorporación de nuevas tecnologías a los conflictos hizo que la superioridad tecnológica resultara **decisiva en su resolución**[6].

La tecnología desempeña un papel fundamental en los conflictos, fortalece las capacidades militares existentes e impulsa la creación de nuevas herramientas y estrategias. Su accesibilidad y uso dual, tanto ofensivo como defensivo, la han puesto al alcance de varios actores, estatales y no estatales. Además, las sociedades avanzadas dependen cada vez más de la tecnología, para el funcionamiento de los sistemas, procesos, infraestructuras y servicios críticos, lo que introduce nuevas vulnerabilidades en caso de conflicto.

En ese contexto, las nuevas tecnologías están presentes en todas las fases de un conflicto. Esto incluye desde enfrentamientos por debajo del umbral de la crisis, hasta combates de alta intensidad, pasando por conflictos relacionados con la gestión de crisis o amenazas latentes. Por lo tanto, la tecnología se ha convertido en un elemento ineludible en el espectro completo de los conflictos en cada época de la historia.

b. **El Personal Militar Capacitado**

Los especialistas en tecnología de la información, técnicos en telecomunicaciones y operadores de sistemas llevaban a cabo ejercicios ofensivos y defensivos para apoyar las **operaciones militares**[7]. Este personal utilizaba dispositivos, programas informáticos y técnicas

---

[6] *Tecnologías de alto impacto para la defensa en el entorno operativo 2035.*
https://publicaciones.defensa.gob.es/media/downloadable/files/links/t/e/tecnolog_as_de_alto_impacto_.pdf
[7] *Todays Military Especialistas en operaciones cibernéticas Ciberseguridad y tecnología de la información* https://www.todaysmilitary.com/es/careers-benefits/careers/cyber-operations-specialists

diseñadas, para generar efectos en los espacios radioeléctricos, electromagnéticos y cibernéticos.

El entrenamiento y la capacitación militar, al igual que la formación de todo el personal enlistado en el campo de comunicaciones, eran fundamentales. Estas actividades incluían clases teóricas y prácticas que abarcaban habilidades tácticas y operativas de combate. Además, los especialistas en comunicaciones recibían una preparación avanzada basada en un extenso entrenamiento técnico sobre el manejo de sistemas de comunicaciones, que comprendía redes, equipos, infraestructura y técnicas operativas.

Esta formación se complementaba con ejercicios prácticos y simulaciones realistas, lo que mejoraba significativamente sus capacidades y aseguraba un desempeño óptimo en escenarios operativos.

c. **Integración de una Estructura Operativa**

En Honduras a comienzos del siglo XX, las comunicaciones en el ámbito militar dependían de los telegrafistas. Según lo establecido en la Ordenanza Militar, específicamente en el Título IV, los artículos 1275 y 1276 explican las responsabilidades y regulaciones para los telegrafistas civiles en tiempos de guerra: Artículo 1275: Como no existía un Cuerpo de Telegrafistas Militares, la Dirección de Telégrafos requería que los telegrafistas civiles (incluyendo operadores de teléfonos, telegrafía óptica y telegrafía sin hilos) fueran incorporados, para colaborar con las operaciones militares. Artículo 1276: El Ministro de la Guerra tenía la facultad de determinar el uniforme que debían usar los telegrafistas civiles durante tiempos de guerra, con el fin de reconocerlos como parte del Ejército y otorgarles carácter militar.

La ordenanza militar dio origen al proyecto de integrar personal especializado en comunicaciones dentro de Fuerzas Armadas, con la esperanza de mejorar la capacidad operativa de la institución. Según la doctrina americana, existen unidades militares dedicadas exclusivamente a este campo, con el objetivo de proveer servicios de comunicaciones durante las diversas misiones de la institución castrense. Estas unidades aseguran que las Fuerzas Armadas puedan coordinarse y operar eficazmente, incluso en entornos complejos.

3. **Pioneros del Batallón de Comunicaciones**

- ❖ El Coronel de Comunicaciones DEM **Gerardo Enrique Wildt Yates** desempeñó un papel fundamental en el desarrollo y modernización de las comunicaciones dentro de las Fuerzas Armadas. Durante su mando, que abarcó de enero de 1970 a enero de 1971. Su enfoque se centró en integrar recursos humanos y conocimientos culturales, lo que permitió fortalecer las capacidades estratégicas del Ejército.

  A través de la implementación de estrategias innovadoras, logró una evolución significativa en el sistema de comunicaciones militares, mejorando la eficacia y eficiencia en la transmisión de información crucial para las operaciones. Estas iniciativas no solo optimizaron la coordinación dentro de las Fuerzas Armadas, sino que también establecieron un estándar de excelencia en las comunicaciones, marcando un precedente que benefició a las siguientes generaciones.

- ❖ El Coronel de Infantería DEM **Carlos Hernán García Hernández**, Comandante del Cuerpo de Comunicaciones desde enero de 1981 hasta enero de 1982, lideró importantes avances en la unidad. Durante su gestión, promovió la construcción de varios edificios para ampliar y modernizar las instalaciones.

  Además, impulsó la adquisición de nuevos equipos de comunicaciones, incluyendo radios de Alta Frecuencia (HF), lo que marcó un hito tecnológico en la unidad. Estas acciones no solo fortalecieron la capacidad operativa del Cuerpo de Comunicaciones, sino que también mejoraron la eficiencia en las operaciones militares, consolidando las comunicaciones como un pilar estratégico en Fuerzas Armadas.

- ❖ El Coronel de Comunicaciones DEM **José Edmundo Alcerro Proudoth**, quien estuvo al mando de las Comunicaciones desde febrero de 1982 hasta enero de 1986, logró importantes avances durante su gestión. Uno de sus principales logros fue el aumento en el número de efectivos, lo que permitió que la unidad evolucionara de su estructura inicial a convertirse en una compañía, fortaleciendo su capacidad operativa. Además, el Coronel Alcerro Proudoth desempeñó simultáneamente el cargo de G-6 en el Estado Mayor, donde lideró la planificación y supervisión estratégica de las comunicaciones militares. Su liderazgo dejó un legado de crecimiento y desarrollo en el Cuerpo de Comunicaciones, consolidando un elemento esencial para las operaciones de Fuerzas Armadas.

- ❖ El Coronel de Comunicaciones DEM **Ángel Castillo Maradiaga** dejó un impacto significativo en el desarrollo y modernización del sistema de comunicaciones de Fuerzas Armadas. Durante su extensa trayectoria, ocupó varios roles clave, logrando avances importantes que fortalecieron las capacidades operativas y formativas de esta área.

  Pionero en la **Escuela de Comunicaciones** (ESCOMFFAA) En 1975, cuando era capitán, lideró la iniciativa de enviar a un grupo de suboficiales a Fort Gulick, Panamá, para recibir formación especializada en comunicaciones. Como resultado, en 1976 se fundó la Escuela de Comunicaciones de las Fuerzas Armadas (ESCOMFFAA), marcando un hito en la formación técnica y profesional del personal militar. Esta escuela introdujo el sistema de enseñanza FADEP (Programa de Desarrollo de la Facultad), el cual se enfocaba en una metodología práctica orientada a resultados, siendo la primera en su tipo en el país.

  Durante su gestión como comandante de la unidad, entre enero de 1986 y diciembre de 1988, impulsó una transformación clave en el Cuerpo de

Comunicaciones. A través del Acuerdo No. 2192, emitido el 1 de septiembre de 1987, la unidad cambió de categoría y pasó a denominarse **Primer Batallón de Comunicaciones del Ejército**. Este cambio representó un avance significativo en la organización y estructura del área de comunicaciones, consolidando su importancia estratégica dentro de las Fuerzas Armadas.

Además, la contribución a la modernización del sistema de comunicaciones como comandante del Primer Batallón de Comunicaciones en 1991, continuó fortaleciendo la unidad mediante la implementación de estrategias que mejoraron su capacidad operativa y tecnológica. El Coronel Castillo Maradiaga dejó un legado de innovación, formación y modernización en Fuerzas Armadas, posicionando las comunicaciones como un pilar esencial para la eficacia de las operaciones militares.

- ❖ El Coronel de Infantería DEM **Luis Alberto Soto Ponce**, Comandante del Primer Batallón de Comunicaciones entre enero de 1989 y diciembre de 1990, dejó un legado de progreso significativo, particularmente en el ámbito de la infraestructura. Durante su gestión, promovió la construcción de varios edificios que ampliaron y modernizaron las instalaciones de Comunicaciones, mejorando las condiciones para el personal y las operaciones. Además, se instalaron torres de comunicaciones diseñadas bajo los estándares de la Unión Internacional de Telecomunicaciones (UIT), lo que aseguró una mayor calidad y alcance en las transmisiones.

- ❖ Durante el liderazgo del Teniente Coronel de Comunicaciones DEM **Mario Heriberto Silva Silva,** de julio de 1991 a julio de 1994, se tomó la decisión de trasladar la unidad al sector de Lepaterique, en el departamento de Francisco Morazán. Las instalaciones en Lepaterique no cumplían con las condiciones necesarias para garantizar el correcto funcionamiento técnico de los sistemas de comunicaciones. Este traslado evidenció la importancia de contar con una infraestructura adecuada para mantener la eficiencia y operatividad de las comunicaciones militares, subrayando la necesidad de futuras inversiones en instalaciones más modernas y funcionales. A pesar de las dificultades, este período marcó un momento clave para reflexionar sobre las prioridades y el fortalecimiento de las capacidades logísticas y técnicas de la unidad de Comunicaciones.

- ❖ Durante el liderazgo del Teniente Coronel de Comunicaciones DEM **José Isaías Barahona Herrera**, como Comandante del Primer Batallón de Comunicaciones desde julio de 1994 hasta febrero de 1997, se logró un avance importante con el traslado de la unidad. Siendo reubicada en las antiguas instalaciones del Tercer Batallón de Artillería de Campaña, situado en San Antonio de Oriente, Francisco Morazán.

  Este nuevo lugar ofreció condiciones adecuadas para el correcto funcionamiento de los sistemas de comunicaciones, solucionando las limitaciones de infraestructura que habían afectado previamente a la unidad. Este traslado representó un paso significativo para mejorar la operatividad, eficiencia y capacidad técnica del Primer Batallón de Comunicaciones, consolidando su papel estratégico dentro de las Fuerzas Armadas.

- ❖ El Teniente Coronel de Comunicaciones DEM **Virgilio Carvajal Molina**, Comandante del Primer Batallón de Comunicaciones desde febrero de 2000 hasta marzo de 2003, se destacó por su compromiso con la modernización y desarrollo de las capacidades de la unidad. Cabe mencionar que, antes de asumir cargos de mayor responsabilidad, siendo Sargento, tuvo un papel clave como encargado de la Estación de Comunicaciones de la Jefatura de Fuerzas Armadas. Esa experiencia temprana en el manejo técnico y operativo de las comunicaciones lo convirtió en un líder altamente capacitado.

- ❖ El Teniente Coronel de Comunicaciones DEM **Sergio Gonzales Velásquez** fue Comandante del Primer Batallón de Comunicaciones desde marzo de 2006 hasta junio de 2008. Durante su liderazgo, destacó por aplicar los conocimientos adquiridos en escuelas de comunicaciones en Estados Unidos y por adaptar manuales militares al contexto del Ejército de Honduras.

Durante su comando, impulsó la modernización de los sistemas de comunicaciones, asegurando que la unidad continuara avanzando tecnológicamente para adaptarse a las necesidades estratégicas de las Fuerzas Armadas. Su enfoque en la innovación y doctrina fortaleció la eficacia operativa y consolidó al Primer Batallón de Comunicaciones como una unidad esencial para el cumplimiento de las misiones militares.

SECCIÓN III. EVOLUCIÓN HISTÓRICA DEL BATALLÓN

1. **Transformación de Organización, Tecnologías y Misión**

    Las transformaciones en el área de comunicaciones responden a las necesidades estratégicas de Fuerzas Armadas, las cuales requieren una constante adaptación tanto a los avances tecnológicos como a las misiones asignadas por la institución.

    a. **La Trasformación organizativa**

    1) La Unidad de Comunicaciones experimentó una notable evolución desde su origen, adaptándose a las necesidades estratégicas del país y del Ejército: En sus primeras etapas, la unidad se estableció como una pequeña **sección de radios**, encargada de montar una red de comunicaciones en puntos estratégicos del país. Evolucionando a un **pelotón**, la unidad creció en personal y equipo, convirtiéndose en un pelotón con mayores capacidades operativas.

    Posteriormente, se organizó como una **compañía**, momento en el cual su personal comenzó a recibir adiestramiento especializado en el extranjero, con el apoyo de los Estados Unidos de Norteamérica. Este período marcó un salto en la profesionalización y capacidades técnicas de la unidad.

    Finalmente, la unidad fue reestructurada y dejó de ser un **Comando Especial** de Comunicaciones, integrándose como parte de una unidad operativa que comprende la magnitud de **Batallón**. Esta transición la consolidó como una unidad insigne del Ejército, con un rol estratégico fundamental en las comunicaciones militares. El proceso de transformación reflejó el crecimiento constante de la unidad, que ha pasado de ser un componente básico a convertirse en un pilar esencial de Fuerzas Armadas.

2) El incremento de sus capacidades a lo largo del tiempo, ha sido en el número de personal y capacidades técnicas, pasando de habilidades básicas a avanzadas. Este progreso ha estado acompañado de un proceso de profesionalización y adiestramiento conjunto con países como Guatemala, Estados Unidos, Colombia e Israel, fortaleciendo el nivel operativo y estratégico de la unidad.

3) La unidad de comunicaciones, al igual que otras, ha tenido que desplazarse a diferentes lugares a lo largo de su historia. Sin embargo, muchos de estos lugares no han sido adecuados, para garantizar el mejor desempeño operativo.

a. **Las Transformaciones Tecnológicas**

1) El equipamiento de la unidad ha pasado por una evolución tecnológica significativa, comenzando con equipos analógicos básicos hasta sistemas digitales modernos. Los cuales incluyen equipos tecnológicos encriptados que operan en diversas frecuencias, además de integrar tecnologías de punta como equipos satelitales y drones. Esta evolución ha permitido mantenerse a la vanguardia en apoyo a las operaciones militares.

4) La automatización desde sus inicios, La Unidad de Comunicaciones ha enfrentado grandes desafíos en materia de automatización, especialmente en la "Era de la Información". La unidad ha sido pionera en el desarrollo de las telecomunicaciones en el país, incorporando tecnologías modernas que no solo aumentan la velocidad de las comunicaciones, sino que también mejoran la seguridad en las transmisiones y optimizan las operaciones militares.

5) Los roles y funciones de la unidad se han ampliado significativamente, durante su creación se enfocó en proporcionar comunicaciones, para las operaciones militares y contrarrestar la guerra electrónica. Sin

embargo, sus responsabilidades abarcan nuevas áreas clave, como la informática y la ciberseguridad.

2) La estandarización internacional de la unidad, en cumplimiento con la Ley Marco que regula las Telecomunicaciones en el País a través de La Comisión Nacional de Telecomunicaciones (CONATEL), se ha regido por los estándares establecidos por la Unión Internacional de Telecomunicaciones (UIT). Esto ha permitido fortalecer la interoperabilidad con otras agencias gubernamentales y no gubernamentales, tanto a nivel nacional como internacional, garantizando una integración eficiente en el ámbito global.

b. **Transformación de la Misión**

1) La estrategia militar de la Unidad de Comunicaciones comenzó con la misión de crear una red estratégica que conectara los puntos más alejados del país. Sin embargo, con el tiempo, las demandas crecieron, requiriendo el establecimiento de comunicaciones más complejas, para apoyar a las unidades desplegadas en teatros de operaciones. Esto incluyó la capacidad de proporcionar comunicaciones en áreas remotas, abarcando vehículos terrestres, aéreos y marítimos, para garantizar una conectividad eficiente y confiable en el nivel operativo y táctico.

2) La Unidad de Comunicaciones en el ámbito de la defensa nacional, ha desempeñado un papel clave, ganándose la confianza en la protección y manejo de datos sensibles. Además, se ha destacado en la gestión de ciberseguridad, enfrentando amenazas globales y asegurando la integridad de la información crítica.

3) La Unidad de Comunicaciones ha formado parte en diversos ejercicios conjuntos con fuerzas armadas de otros países. Estas actividades han contribuido al fortalecimiento de la cooperación internacional,

mejorando la interoperabilidad y el intercambio de conocimientos en el ámbito de las telecomunicaciones militares.

4) El Batallón de Comunicaciones ha sido un pionero en el apoyo humanitario, destacando su capacidad de coordinar operaciones de emergencia y respuesta ante desastres naturales. Esto ha sido posible gracias al uso de avanzados sistemas de comunicación, el despliegue de personal altamente capacitado y programas de adiestramiento especializados. Su labor ha sido fundamental para colaborar con diversas instituciones del Estado en momentos críticos.

2. **Participación en Operaciones de Paz y Misiones Humanitarias**

El Batallón de Comunicaciones ha desempeñado un papel fundamental en diversas misiones, tanto nacionales como internacionales, alineándose con el Artículo 274 de la Constitución de la República de Honduras. Este artículo establece las responsabilidades de las Fuerzas Armadas en apoyo a múltiples sectores y en cooperación con otras instituciones estatales.

En la Constitución de la República de Honduras el **ARTICULO 274**[8] , Las Fuerzas Armadas estarán sujetas a las disposiciones de su Ley Constitutiva y a las demás leyes y reglamentos que regulen su funcionamiento. Cooperarán con Las Secretarías de Estado y demás instituciones, a pedimento de éstas, en labores de alfabetización, educación, agricultura, protección del ambiente, vialidad, comunicaciones, sanidad y reforma agraria.

Participarán en misiones internacionales de paz, en base a tratados internacionales, prestarán apoyo logístico de asesoramiento técnico, en comunicaciones y transporte; en la lucha contra el narcotráfico; colaborarán con personal y medios para hacer frente a desastres naturales y situaciones de emergencia que afecten a las personas y los bienes; así como en programas de

---

[8] *Constitución de la Republica de Honduras 1982.*
https://www.tsc.gob.hn/web/leyes/Constitucion_de_la_republica.pdf

protección y conservación del ecosistema, de educación académica y formación técnica de sus miembros y otros de interés nacional.

Además, cooperarán con las instituciones de seguridad pública, a petición de la Secretaría de Estado en el Despacho de Seguridad, para combatir el terrorismo, tráfico de armas y el crimen organizado, así como en la protección de los poderes del Estado y el Tribunal Supremo Electoral, a pedimento de éstos, en su instalación y funcionamiento.

El rol del batallón ha sido clave para garantizar la eficiencia y seguridad en las transmisiones, facilitando la toma de decisiones y la coordinación entre las distintas unidades y organismos involucrados. Gracias a su experiencia y tecnología avanzada, ha logrado cumplir con éxito sus responsabilidades en diversos escenarios, contribuyendo significativamente al bienestar nacional e internacional.

3. **Avances Tecnológicos y Técnicas de Comunicación**

Los avances tecnológicos en equipos y técnicas de comunicación han mejorado la rapidez, seguridad y alcance de las comunicaciones, optimizando tanto las operaciones diarias como las misiones estratégicas. Sin embargo, siempre han planteados desafíos constantes en capacitación, actualización de infraestructura, para mantenerse a la vanguardia.

En 1950, como parte de la reestructuración de las Fuerzas Armadas, las unidades militares fueron equipadas con tecnología de comunicaciones tanto alámbrica como inalámbrica. Entre los equipos alámbricos se incluyeron cables y teléfonos TA-1/PT, mientras que en el ámbito inalámbrico se incorporaron radios AN/PRC-9, PMC-12 y equipos de radio SSB-RCA de ocho canales.

En 1970, se puso en funcionamiento la Red de Comunicaciones Estratégica de Fuerzas Armadas en la sede de El Ocotal, Francisco Morazán. Esta red utilizaba radios de alta frecuencia (HF) como el KWM-2A (COLLINS) y equipos de muy alta frecuencia (VHF) como el AN/PRC-77. Años más tarde, se incorporaron

nuevos equipos portátiles de HF, como los modelos AN/PRC-74A y AN/PRC-74B, junto con sistemas de telefonía avanzados para la época. Entre ellos destacaron:
- ❖ El cuadro SB-22/PT, diseñado para 12 abonados.
- ❖ Teléfonos TA-312/PT, TA-43 y TA-1/PT.
- ❖ El cuadro conmutador SB-42, con capacidad para 2 troncales automáticos y 38 abonados.

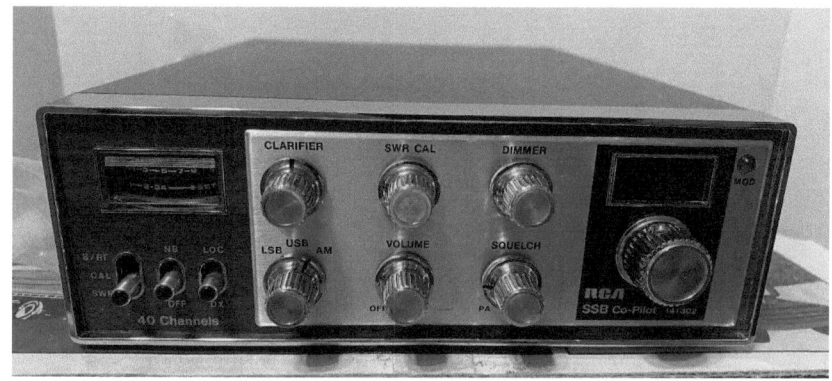

Radio SSB-RCA

Cuadro SB-22/PT

En 1981, se continuaron las mejoras en la infraestructura de comunicaciones militares mediante la repotenciación y adquisición de nuevos equipos. Entre los más destacados se encontraban los radios HF-80 y URC-87, los cuales mejoraron significativamente la capacidad operativa de las unidades militares, optimizando la comunicación en distintos escenarios.

En 2007, Honduras gestionó un préstamo con la República de India para adquirir un paquete de vehículos y equipos de comunicaciones. Este paquete incluía equipos de uso vehicular, portátil (Manpack) y de oficina, operando en las modalidades HF, VHF y UHF. También se adquirieron computadoras, monitores de servicio y estructuras para torres de comunicaciones.

Radio Manpack (LHP-265)

Sin embargo, los equipos portátiles y vehiculares no cumplieron con las expectativas del Ejército, ya que presentaron fallas técnicas. Por esta razón, fueron devueltos a la República de India en dos ocasiones bajo una garantía de cinco años. Aunque se realizaron reparaciones, estas fueron mínimas y los trámites para resolver los problemas tomaron más tiempo del previsto, hasta que la garantía expiró y los equipos fueron regresados a Honduras. En 2012, el personal técnico participó en dos cursos especializados (Operadores y Técnico) impartidos por la compañía BELL en Bangalore, India. Durante estos entrenamientos, se confirmó que los equipos tenían fallas tanto en el software como en el hardware, lo que afectó su funcionalidad.

En 2008, como parte del Programa de Modernización del Estado y la Certificación de Puertos, impulsada por la Comisión Nacional de Protección Portuaria (CNPP) del país, se adquirieron equipos de comunicación en las modulaciones HF, VHF y UHF. Estos incluían radios base, portátiles y equipos de laboratorio, fortaleciendo la infraestructura de comunicaciones.

Ese mismo año, se firmó un acuerdo de cooperación con el Comando Sur de los Estados Unidos a través del Programa Amistad Duradera y los fondos de asistencia militar regional (Military Assistance Program - MAP). Mediante este acuerdo, Las Fuerzas Armadas recibió un lote de equipos de comunicaciones con especificaciones militares de la empresa Harris. Estos equipos operaban en modalidades HF, VHF y UHF (tanto en banda militar como multibanda). Además, se incluyó entrenamiento especializado en mantenimiento y reparación, asegurando una operación eficiente y prolongada de los equipos.

En 2009, el gobierno de los Estados Unidos, a través del Programa de Asistencia Militar Regional (Military Assistance Program - MAP), apoyó a las Fuerzas Armadas de Honduras con la entrega de equipos de comunicación avanzados. Este apoyo incluyó radios portátiles multibanda Harris (Manpack), fortaleciendo las capacidades de comunicación militar en distintos entornos operativos.

En 2014, con fondos provenientes de la Tasa de Seguridad del País, se adquirió una variedad de equipos de comunicación. Esto incluyó dispositivos vehiculares, portátiles, repetidoras, consolas de mando y control, así como equipos de laboratorio, fortaleciendo la infraestructura tecnológica y operativa en el ámbito de las comunicaciones.

En 2016, el gobierno de los Estados Unidos, mediante el Programa de Asistencia Militar Regional (Military Assistance Program - MAP), proporcionó apoyo a las Fuerzas Armadas de Honduras con **vehículos J-8 (Jeep)**[9] de especificaciones

---

[9] *Honduras amplía sus capacidades defensivas y se crea la Fuerza Trinacional.*
https://www.defensa.com/centro-america/honduras-amplia-capacidades-defensivas-crea-fuerza-trinacional

militares. Estos vehículos estaban equipados con sistemas de comunicación Harris, capaces de operar en las modalidades VHF/UHF multibanda, mejorando la movilidad y la capacidad de comunicación en operaciones militares.

Vehículo Jeep (J-8)

SECCIÓN IV.   APORTACIONES ESTRATÉGICAS

1. Participación de la Unidad de Comunicaciones en Campañas Militares

La Unidad de Comunicaciones ha desempeñado un papel clave en el manejo del sistema de comunicaciones de las Fuerzas Armadas, apoyando diversas campañas y operaciones militares. Estas acciones han estado enfocadas principalmente en la defensa nacional, la seguridad interna y el cumplimiento de acuerdos internacionales. A continuación, se destacan algunas de las más importantes.

a. **La Guerra de las 100 Horas**[10], Honduras participó militarmente en un enfrentamiento armado con El Salvador que tuvo lugar del 14 al 18 de julio de 1969. Este conflicto, también conocido como la Guerra del Fútbol debido a su coincidencia con partidos eliminatorios del Mundial, fue impulsado por tensiones políticas, sociales y económicas, especialmente relacionadas con disputas fronterizas y la presión migratoria de salvadoreños en territorio hondureño. La acción militar de Honduras se centró en defender su soberanía y responder a la incursión salvadoreña. Aunque el conflicto fue breve, resultó en significativas pérdidas humanas y materiales, dejando una profunda huella en las relaciones entre ambos países. Esta guerra simbolizó los problemas históricos de la región y la necesidad de abordar las tensiones estructurales, para evitar enfrentamientos similares en el futuro.

b. **La Guerra Fría**[11], Honduras se convirtió en un aliado estratégico de Estados Unidos en Centroamérica. El país sirvió como base de operaciones para contrarrestar las guerrillas en Nicaragua y El Salvador. Las acciones militares incluyeron ejercicios conjuntos con el Ejército estadounidense, así

---

[10] *La Memoria de la Mal Llamada "Guerra del Futbol"* Oscar García Iberoamericana Nordic Journal of latín American and Caribbeans Studies
https://iberoamericana.se/es/articles/10.16993/iberoamericana.420

[11] *Honduras: políticas de contrainsurgencia, doctrina de la seguridad nacional y democracia.* Esteban De Gori. https://cdsa.aacademica.org/000-062/2241.pdf

como entrenamiento y apoyo logístico. Estas iniciativas buscaban fortalecer las capacidades de las Fuerzas Armadas hondureñas y asegurar la estabilidad en la región frente a la influencia de movimientos insurgentes.

c. **La Lucha Contra el Narcotráfico en la década de los 2000**[12], Honduras intensificó con el apoyo de países aliados, especialmente Estados Unidos. Esta colaboración incluyó la realización de operaciones militares en zonas estratégicas como La Mosquitia y el Caribe hondureño, frecuentemente utilizadas por los narcotraficantes. Entre las acciones principales destacó la destrucción de pistas de aterrizaje clandestinas, empleadas como puntos de tránsito para el tráfico de drogas. Además, se llevaron a cabo operaciones de interdicción aérea y marítima con el objetivo de interceptar y neutralizar las actividades delictivas en estas rutas clave.

d. **La MINUSTAH**[13], Honduras a través de las Fuerzas Armadas participó en la misión internacional de paz auspiciada por Naciones Unidas. En el marco de estas iniciativas, el país envió tropas a operaciones como la Misión de Estabilización de las Naciones Unidas en Haití (MINUSTAH), contribuyendo a la estabilidad y la reconstrucción de naciones afectadas por conflictos.

2. **Participación del Batallón de Comunicaciones en Operaciones**

   a. **Huracán Mitch en 1998,** durante su paso; las Fuerzas Armadas de Honduras desempeñaron un papel fundamental en la respuesta al desastre. Su labor incluyó la realización de rescates, la distribución de ayuda humanitaria y la participación activa en la reconstrucción de infraestructura

---

[12] *Perfil de Honduras, por InSight Crime 6 Sep. 2024* https://insightcrime.org/es/noticias-crimen-organizado-honduras/honduras/
[13] *Honduras envía un quinto contingente militar a Haití para unirse a la misión de la ONU* https://www.infodefensa.com/texto-diario/mostrar/3080393/honduras-envia-quinto-contingente-militar-haiti-unirse-mision-onu#:~:text=El%20quinto%20contingente%20de%20soldados,las%20instituciones%20del%20gobiern o%2C%20promoviendo

dañada, ayudando a mitigar los impactos de la tragedia en la población afectada.

b. **La Operación Honduras Segura;** fue una participación excepcional de las Fuerzas Armadas en la seguridad interior del país. Este apoyo se activa cuando la capacidad de la Policía Nacional es superada por la fuerza de las organizaciones y redes delictivas. Como parte de esta operación, las Fuerzas Armadas[14] colaboraron con la Policía Nacional en la implementación de estrategias conjuntas, para fortalecer la seguridad en zonas urbanas y rurales, buscando restablecer el orden y proteger a la población y sus bienes.

c. **Conservación del Medio Ambiente;** las Fuerzas Armadas participó en programas de conservación del medio ambiente mediante campañas activas contra la tala ilegal y el tráfico de recursos naturales. Estas iniciativas abarcaron la protección de áreas protegidas del país y la lucha contra incendios forestales, con el objetivo de preservar los ecosistemas y garantizar el uso sostenible de los recursos naturales.

---

[14] *Libro de la Defensa Nacional de Honduras. https://www.files.ethz.ch/isn/157027/Honduras-2005_1_spa.pdf*

SECCIÓN V.   ASPECTOS HUMANOS

1. **Testimonios, Tradiciones y Anécdotas**

    a. **Testimonio de un Soldado de Comunicaciones**

    Teniente Coronel de Comunicaciones DEM. **Gerardo Enrique Wildt Yates**[15]

    El mando es el medio esencial que garantiza el control de una unidad en cualquier circunstancia. Las comunicaciones son indispensables para ejercer este control, ya que todo comandante las necesita para coordinar y dirigir sus acciones. Por ello, las comunicaciones tienen una importancia fundamental en el ámbito militar.

    La historia de las comunicaciones en el Ejército es extensa y significativa. Un ejemplo destacado de esta historia es la vida de Gerardo Enrique Wildt Yates, nacido en la isla de Guanaja el 29 de abril de 1939. Gerardo Enrique fue el último de los Yates en Honduras, hijo de padres isleños. Su padre era dueño de una fábrica de zapatos llamada "El que mejor queda", ubicada en la avenida San Isidro de La Ceiba, Atlántida, mientras que su madre era una abnegada ama de casa.

---

[15] Coronel de Comunicaciones DEM Héctor Samuel Ardón Mejía y RRPP del Ejército de Honduras
https://youtu.be/35lShblk9Jo

Durante su infancia, Gerardo Enrique vivió en La Ceiba, donde cursó sus estudios primarios en la escuela Minerva. Creció en un entorno familiar lleno de tradiciones que aún permanecen en su memoria.

La mayor tradición que recuerdo, compartida también por mi familia, es la rectitud de mi padre. Era un hombre íntegro que nos inculcó educación, cultura, sobre todo honradez. Solía decir: Mejor muerto que deshonrado.

Egresé de la Escuela Militar en 1960 y en 1961, me casé con Rosa María Morales Sánchez, quien ha sido mi compañera de vida y madre de nuestros cinco hijos. Ella, siendo capitalina, conoció a muchas personas y siempre era el alma de los encuentros con amigos. Mi mayor virtud es amar a mi esposa. Desde joven, he sido apasionado por la lectura. Mi libro favorito es El Quijote de la Mancha es mi mayor pasatiempo, lo he leído tres veces. Mi padre, mis hermanos y yo hemos sido grandes lectores y El Quijote de la Mancha es nuestra biblia, ya que en él se refleja el idioma y las expresiones que forman parte de nuestra identidad como hispanohablantes.

Con emoción en su rostro al observar el equipo del Primer Batallón de Comunicaciones, este soldado nos relató sus primeros pasos en las Fuerzas Armadas. Compartió anécdotas y recuerdos de su formación militar, llenando el ambiente de sentimientos y nostalgia.

Ingresé como cadete a la Academia Militar de Honduras General Francisco Morazán en febrero de 1957. Durante los tres primeros meses como cadete, fui dragoneante y tuve el mando de una escuadra de cadetes. Más adelante, como Sargento Segundo, asumí el mando de un pelotón y conservé ese grado hasta alcanzar la segunda antigüedad de la compañía al momento de nuestra graduación.

Las experiencias vividas en la primera promoción darían para escribir un libro. En ese tiempo, el Comandante del Cuerpo de Cadetes era el Teniente Carlos Villanueva Doblado y el Capitán Miguel Ángel Fúnez formaba parte de la plana mayor de la escuela. También había otros oficiales graduados en el extranjero. Sin embargo, la mayor parte de nuestra formación estuvo a cargo de oficiales que no eran egresados de academias.

Una anécdota que recuerdo con claridad es que, durante nuestra formación, convivimos por algunos meses con una compañía de soldados fusileros que luego fueron trasladados al Primer Batallón de Infantería. Esta mezcla de cadetes y fusileros no fue una buena idea y el mando de la escuela lo reconoció rápidamente. Después de esa experiencia, nos dedicamos por completo a desempeñarnos como caballeros cadetes.

Mis compañeros me apodaban "el gringo", y entre nosotros siempre hubo una gran camaradería. Por ejemplo, solíamos compartir una lata grande de osmil, de la que entre dos tomábamos el café. Entre los amigos que recuerdo con especial cariño están el Coronel Rolando Mejía, Mario Fonseca, Isidro Tapias, Juan Ángel Arias Rodríguez y muchos otros. Esos lazos de amistad han quedado profundamente grabados como una parte importante de mi vida. Durante mi formación, disfrutaba mucho lo que hacía, aunque había situaciones que no eran de mi agrado. Sin embargo, las afrontaba con estoicismo, recordando siempre nuestro lema: "Entre más grande es el sacrificio, mayor es el beneficio"

Su formación lo llevó a dar sus primeros pasos en el área de comunicaciones, enfrentando retos y situaciones desafiantes mientras cumplía misiones asignadas por el alto mando. Una de sus experiencias más significativas fue su participación en la guerra de 1969, que marcó profundamente su carrera. Esta experiencia lo convirtió en el impulsor de la creación del Cuerpo de Señales, como se llamaba entonces a la Unidad de Comunicaciones.

Después de graduarme de la Academia Militar, continué mi formación en el extranjero. Recuerdo que estuve en Fort Gulick, Panamá, y en 1961 asistí a la Escuela de Infantería del Ejército de los Estados Unidos en Fort

Benning, Georgia. Fue una experiencia impresionante; frente a las barracas estaban las torres utilizadas para el entrenamiento en paracaidismo militar. Posteriormente, me especialicé en comunicaciones. Realicé tres cursos en Fort Monmouth, New Jersey, gracias a la recomendación del grupo militar estadounidense. En 1966, completé dos cursos: uno en Mantenimiento y otro sobre Compañías de Comunicaciones. Al año siguiente, en 1967, regresé a Fort Monmouth para realizar el Curso Avanzado de Comunicaciones.

Cuando regresé a Honduras, se estaba organizando el Comando de Apoyo Logístico y fui designado como Jefe del Departamento de Comunicaciones, donde pude aplicar y fortalecer los conocimientos adquiridos en mi formación.

En 1969, después del conflicto con El Salvador, el alto mando reconoció la necesidad de fortalecer y asegurar las comunicaciones. En ese momento, las unidades militares contaban con algunos radios asignados y sus respectivos operadores, pero no existía un control centralizado. Los radios de comunicaciones HF de frecuencia fija, estaban distribuidos en lugares como San Pedro Sula, La Ceiba, Márcala, Santa Rosa de Copán y Olancho. Ante esta situación, fui designado para organizar el Cuerpo de Señales, estableciendo un control sobre el personal y el manejo del equipo de comunicaciones.

Cuando llegué al Arma de Comunicaciones, esta era solo un servicio, pero con el tiempo tomó fuerza y el mando reconoció su importancia como la voz del Comando y Control. Posteriormente, a finales de 1969, fui asignado al G3, un puesto clave en el Estado Mayor. En esa misma época, recibí la orden de formar el Cuerpo de Señales. No sabía qué nombre darle, ya que no era un batallón, compañía ni pelotón, solo un pequeño grupo. Sin embargo, mi formación con el ejército estadounidense fue fundamental. Ellos lo llamaban "señales" porque consideraban que el término "comunicaciones" abarcaba demasiado.

En la estructura inicial, incluso llegué a entrenar palomas mensajeras, las cuales eran enviadas a misiones con mensajes que debían devolver. Sin embargo, esto se convirtió en un problema, ya que las palomas solían aterrizar en el techo del edificio y no querían bajar. Terminé atrapándolas para encerrarlas en una jaula. Allí quedaron cuando me enviaron a realizar el curso de Estado Mayor.

El alto mando había observado algunos equipos de radiocomunicación de alta frecuencia (HF) que estaban en uso. Eran grandes aparatos y los operadores no solo los manejaban, sino que también dominaban la clave Morse mediante la radiotelegrafía. Sin embargo, durante el conflicto con El Salvador, la estructura de comunicaciones era muy limitada. Por ejemplo, había un radio en la Casa Presidencial, pero no era operado por personal de las Fuerzas Armadas, sino por funcionarios que, al escuchar algo, corrían a informar al alto mando de manera alarmante. Esto llevó a la decisión de crear el Cuerpo de Señales, una unidad dedicada exclusivamente a gestionar las comunicaciones de la institución militar.

Nuestro caballito de batalla en ese tiempo era el radio KDMW12, Collins, conocido como el Cadillac de los radios debido a su capacidad de cambiar frecuencia, algo muy avanzado para la época. También contábamos con otros equipos como el STORM en HF, aunque su antena tenía una bobina complicada que requería ajustes precisos para graduar las frecuencias.

Recuerdo una experiencia en La Mosquitia, donde instalé uno de estos equipos para el Sexto Batallón, que estaba bajo el mando del Coronel Maradiaga. Allí diseñé e instalé una antena que funcionó excepcionalmente bien. El sistema contaba con una batería recargable que permitía trasladar el radio de un lugar a otro con facilidad, facilitando así las comunicaciones en esa región remota.

Las lecciones aprendidas de este ilustre soldado fueron numerosas. Nos expresó que, si pudiera regresar en el tiempo para revivir el pasado, no cambiaría nada de lo que vivió. Sobre sus aprendizajes, destacó: Soy el resultado de todas esas experiencias. Tendría que hacer un gran ejercicio de memoria para recordarlas todas, pero ni siquiera el tiempo sería suficiente para abarcarlo todo.

Una lección que nunca olvido y sería de mucha utilidad, es el proceso administrativo y ejecutivo basado en el concepto de Pldiorcoco (Planear, Dirigir, Organizar, Coordinar y Controlar). Además, la supervisión es fundamental en cualquier organización y aún más en las Fuerzas Armadas. Solemos decir: Cuando se da una orden, no basta con darla; hay que asegurarse que se cumpla.

Wildt Yates pasó a la honrosa situación de retiro con el grado de Teniente Coronel, dejando un legado imborrable en el Arma de Comunicaciones. Su influencia perdurará en el corazón de los hombres y mujeres que, con orgullo, portan la boina azul celeste. En especial, será recordado por aquello que más valoró y representó su trayectoria en la institución.

Me gustaría que me recuerden por lo que soy y por lo que he sido. No tengo méritos de ninguna clase, pero lo que está sucediendo hoy me llena de un profundo honor. Nunca lo imaginé. Simplemente, quiero que me recuerden por honrado, fiel, leal y estoico, porque ser militar exige tener la virtud del estoicismo. En la vida hay cosas buenas y gratificantes, pero también hay cosas difíciles que debemos soportar y esa capacidad es mi cualidad.

Mi mensaje para todos ustedes es que siempre lleven en sus corazones el Arma de Comunicaciones. No olviden nunca que somos el vínculo esencial entre las unidades que ejecutan las operaciones militares, la voz del comando y el control.

b. **Tradiciones de Comunicaciones**

Las tradiciones de comunicaciones militares son de gran importancia y se consideran principios fundamentales para el éxito de las operaciones militares. Estas tradiciones aseguran que las comunicaciones sean claras, seguras y efectivas, elementos cruciales que sirven en la coordinación de operaciones, toma de decisiones y seguridad de información. Entre las tradiciones están las siguientes:

1) **Códigos y Claves**; su uso en las comunicaciones es una práctica esencial que garantiza la seguridad y efectividad de la información transmitida. Esta tradición se mantiene vigente y evoluciona junto a las normas de la Unión Internacional de Telecomunicaciones (UIT), que regula los estándares globales en telecomunicaciones y al desarrollo de la **Criptografía**[16], la disciplina que estudia y crea los sistemas de codificación.

2) **Entrenamiento Constante**; el personal de comunicaciones, basado en la doctrina militar norteamericana, asegura que la unidad de comunicaciones esta siempre a la vanguardia tecnológica y operativa. Esta formación permite que los soldados dominen procedimientos modernos, alineándose con estándares internacionales y garantizando la eficacia en las operaciones militares.

3) **Capacitación Continua**; la actualización de tecnologías avanzadas es esencial en el personal militar. Este proceso permite dominar herramientas de uso civil y adaptarlas eficientemente a las operaciones militares, maximizando el rendimiento de equipos modernos y

---

[16] *INSTITUTO DE INGENIERÍA UNAM.* https://www.iingen.unam.mx/es-mx/AlmacenDigital/CapsulasTI/Paginas/criptografia.aspx#:~:text=La%20criptograf%C3%ADa%20es%20definida%20como,desencriptarla)%20mediante%20el%20uso%20de

asegurando la eficacia en misiones tácticas, operativas y estratégicas de Fuerzas Armadas.

4) **Alta Capacidad Humana y Formación Académica Avanzada;** esta combinación en comunicaciones asegura el éxito en las trasmisiones. Los comunicadores deben ser personas con vocación, dinamismo y flexibilidad, cualidades esenciales, para adaptarse a las demandas y desafíos operativos que enfrentan constantemente.

5) **Lealtad y Confidencialidad;** son virtudes esenciales en cada miembro de la unidad de comunicaciones. Estos profesionales deben ser discretos y fieles a su misión, ya que manejan información sensible y crítica, clave para el éxito de las operaciones militares. La protección de datos y la confianza en las comunicaciones son fundamentales para la seguridad y efectividad de las misiones.

c. **Anécdota 1, SITIOS DE REPETICIÓN DE COMUNICACIONES**

En 1980, Don Chan y Doña Chana, en el país, comenzaron a identificar puntos estratégicos para establecer estaciones repetidoras de comunicación. Estos lugares clave fueron utilizados, para mejorar las comunicaciones a nivel nacional. Sin embargo, las compañías de telecomunicaciones, al reconocer el potencial comercial de estos sitios, comenzaron a apoderarse de ellos sin contar con documentación legal.

Explotaron estos predios con fines comerciales, lo que generó la necesidad urgente de establecer normativas claras sobre la seguridad y propiedad de los sitios de repetición. Esta acción subrayó la importancia de proteger no solo los sitios de repetición de comunicaciones, sino también la infraestructura estratégica del país.

d. **Anécdota 2, EL SOLDADO DEL FUTURO**

A finales del año, el Ejército realizó un ejercicio combinado en el que una patrulla quedó atrapada en un terreno hostil, aislada del comando y sin posibilidad de avanzar. Mientras los soldados con formación táctica discutían cómo proceder, un soldado entrenado en comunicaciones y manejo de equipos tecnológicos tomó la iniciativa. "Calma, tengo la solución", dijo con confianza mientras desplegaba un objeto volador de reconocimiento equipado con cámaras, sensores térmicos y un sistema de repetición. Gracias a su habilidad, estableció un enlace directo y seguro con el centro de mando.

El objeto volador proporcionó imágenes en tiempo real, identificó rutas seguras, detectó posibles emboscadas y transmitió información clave. Con estos datos, el mando diseñó una estrategia precisa para recuperar a la patrulla. Los soldados tácticos observaron asombrados cómo el objeto tecnológico transformaba la situación, convirtiéndose en los ojos y oídos del equipo, mientras el soldado de comunicaciones servía como el enlace esencial con el comando.

Al finalizar el ejercicio, quedó claro que el soldado no había sido simplemente un operador técnico, sino un auténtico **Soldado del Futuro**. Su capacidad para integrar tecnología con estrategia elevó la eficacia de la patrulla, demostrando que, en la guerra moderna, la ventaja no siempre reside en quién dispara mejor, sino quién domina las comunicaciones.

e. **Ensayo, HERENCIA DE UN SOLDADO**

Nunca imaginé que sería lo que hoy soy: un Soldado de Comunicaciones de las Fuerzas Armadas de Honduras. Cuando era niño, mi abuelo contaba historias de la vida militar. Siempre lo escuchaba sin mostrar interés en aquellos relatos que una y otra vez compartía con sus amigos. Ahora, con experiencia en la vida castrense, entiendo cada palabra que él mencionaba. En sus conversaciones, la palabra patriotismo era recurrente. Sin comprenderlo en su momento, lo descubrí en los lugares más inhóspitos de mi querida Honduras.

Conocí lugares donde la vista parece infinita y la tierra se encuentra con el cielo. Allí, a pesar de las duras condiciones de vida, encontré compatriotas aferrados a su tierra, viviendo en paz con la naturaleza. Al verlos, me invade la bondad y el deseo de darlo todo, aunque solo poseo la gracia de Dios, quien me sostiene y me da lo necesario.

En mi país, las leyes establecen que los ciudadanos de entre dieciocho y treinta años pueden prestar el Servicio Militar de forma voluntaria y educativa. Aproveché esa oportunidad para conocer una vida llena de principios y valores que todo hondureño debe cultivar y transmitir a las futuras generaciones.

Recuerdo claramente cuando acepté obedecer, de manera consciente, la Constitución de la República, las Leyes y Reglamentos Militares. Comprendí que la institución castrense se basa en hombres y mujeres honorables, comprometidos con la lealtad, abnegación y servicio a Dios, al Prójimo y a la Patria. Durante mi formación militar, aprendí liderazgo y adopté la misión de la institución como mi estandarte: defender la integridad territorial, la soberanía de la República, mantener la paz y garantizar el cumplimiento de la Constitución y sus Leyes.

El tiempo y la intemperie han dejado marcas imborrables en mi vida, pero mi corazón se ha vuelto más sensible al compartir con mis compatriotas. La fatiga es constante y el cuerpo pide agua a cada instante, pero lleno de convicción, elevo una plegaria al Creador, quien sostiene mi vida y fortalece mis pasos. La noche, fría y densa, parece interminable. Sin embargo, la gloria del amanecer pronto traerá un mejor porvenir.

Mi abuelo decía con orgullo que la vida militar es un sacrificio que pocos están dispuestos a asumir: una vida modesta, con recursos limitados, pero llena de rectitud y un ejemplo para la comunidad. Sus palabras no eran simples relatos, sino verdaderos testimonios de vida.

La misión de las Fuerzas Armadas no se detiene. La preparación es continua en todas las etapas de la vida militar. Aunque estoy capacitado para cualquier misión, siempre me pregunto cuándo volveré a sentirme tan cerca del Creador, entregando en sus manos los desafíos diarios y cumpliendo, con amor y devoción, el servicio militar, el cual elegí para inscribir mi nombre entre los hijos predilectos de mi patria.

El uniforme y las botas nos identifican como hombres y mujeres que llevan sobre sus hombros la responsabilidad de proteger la tierra que nos vio nacer. Para lograrlo, debemos renunciar a la comodidad y al egoísmo humano.

En el camino, un ciudadano me preguntó: ¿Qué hace aquí, soldado? Con orgullo y la bandera nacional en el pecho, le respondí: "Estoy aquí, en este lugar recóndito, porque aquí operan los infractores de la ley". Estoy para defender mi país de las fuerzas malignas que buscan destruirlo, vivir en el desorden y dar rienda suelta a sus ambiciones." Le expliqué que servir en el Ejército, implica una entrega total, incluso la disposición de ofrendar, la vida misma.

Hoy comprendo los relatos de aquel anciano marcado por el tiempo, cuya mirada reflejaba la verdad. Invito a los jóvenes a no esperar más y a unirse a las futuras generaciones de soldados: hombres y mujeres con coraje y templanza, dispuestos a luchar contra quienes desafían la ley y a proteger el regalo más preciado que Dios nos ha dado: "una patria grande, fuerte y respetada"

El servicio militar es un deber ciudadano y la mejor oportunidad de servir a la patria con honor, lealtad y sacrificio. Es nunca olvidar esta paradoja. "Cuando la patria está en peligro, se recurre a Dios y al Soldado. Cuando el peligro pasa, Dios es olvidado y el Soldado es juzgado."

2. **Formación, Entrenamiento y Vida Diaria de la Unidad de Comunicaciones**

El Recurso Humano (RRHH) ha sido la pieza fundamental en el sistema de comunicaciones militares, ya que asegura su funcionamiento y efectividad. El Ejército asignaba a comandos especiales y unidades personal especializado en comunicaciones, integrando principalmente oficiales y suboficiales del Arma de Comunicaciones. Estos profesionales desempeñaban funciones esenciales, como la realización de transmisiones y el manejo de equipos de comunicaciones.

Además, el personal del Arma de Comunicaciones tenía responsabilidades en áreas estratégicas de las Fuerzas Armadas, como los Estados Mayores, Grandes Unidades, Comandos Especiales y los Centros de Formación y Capacitación. También se ha destacado en el apoyo de combate. La Unidad de Comunicaciones es considerada una insignia del Ejército por su importancia y contribución al éxito en las operaciones militares.

a. **La Capacitación de los Oficiales**; comenzaba en el último año de su formación como cadetes, a través de un programa de inducción al Arma de Comunicaciones. Una vez graduados, continuaban con el Curso Básico de Comunicaciones y posteriormente, con el Curso Avanzado de Comunicaciones. Además, ampliaban sus conocimientos en la Universidad de Defensa de Honduras (UDH), especializándose en áreas como ciberdefensa y ciberseguridad. Todo este proceso tenía como objetivo preparar a los oficiales para cumplir con la misión de comunicaciones y desempeñar la función de asesorar al mando en este campo estratégico.

b. **La Formación del Soldado de Comunicaciones**; comenzaba al ingresar al Batallón para prestar el servicio militar, conforme a lo establecido por la ley. Después, recibía el Entrenamiento Básico del Soldado en el Centro de Adiestramiento Militar del Ejército (CAME). Tras completar esta etapa, el soldado regresaba a su unidad para recibir un adiestramiento especializado en comunicaciones. Durante su formación, el soldado aplicaba los conocimientos adquiridos en diversas operaciones de las Fuerzas Armadas, fortaleciendo sus habilidades prácticas. Además del adiestramiento básico en comunicaciones, La Universidad de Defensa de Honduras (UDH) complementaba su preparación con áreas avanzadas como telemática y electrónica, asegurando una formación integral, para el personal de comunicaciones.

c. La unidad, a través de la Escuela de Comunicaciones, contaba con una biblioteca de manuales militares especializados en el área de comunicaciones. El Coronel de Comunicaciones DEM **Sergio González Velásquez**, fue pionero en la adaptación y traducción de manuales de la **Doctrina Americana**[17] militar al contexto local. Su destacada preparación incluyó estudios avanzados en comunicaciones realizados en países como Panamá y Estados Unidos, donde el dominio del idioma inglés era un requisito fundamental.

d. El personal de comunicaciones se distinguió por su vocación, dinamismo y flexibilidad en la gestión de los espacios radioeléctricos, electromagnéticos y cibernéticos. Esta unidad siempre mantuvo una visión orientada hacia el futuro, lo que la llevó a clasificar el conocimiento en tres niveles:

   1) **La Comprensión Básica de Comunicaciones**; El personal tenía la capacidad de proponer soluciones y emitir apreciaciones relacionadas con su campo. Además, dominaba el uso y manejo de equipos de comunicaciones, asegurando que el comandante recibiera la información necesaria para dirigir las operaciones militares.

   2) **La Comprensión Avanzado de Comunicaciones**; Este nivel incluía la capacidad de proponer soluciones y apreciaciones más complejas, fundamentando el empleo efectivo de los medios de comunicación.

---

[17] *Comunicación y doctrina militar. https://repositorio.flacsoandes.edu.ec/xmlui/handle/10469/14771*

Esto los convertía en un elemento clave para el comandante en el proceso de toma de decisiones militares.

3) **La Comprensión de Nivel Superior**; Los especialistas con este nivel podían no solo proponer soluciones y fundamentar el uso de los medios de comunicación, sino también asesorar al mando sobre posibles amenazas a la defensa nacional, apoyando estrategias de alto nivel.

SECCIÓN VI. COLABORACIÓN NACIONAL E INTERNACIONAL

La Unidad de Comunicaciones ha desarrollado diversas colaboraciones nacionales e internacionales en el marco de misiones conjuntas con otras fuerzas militares y organismos civiles y gubernamentales. Estas colaboraciones suelen incluir:

1. **Participación en Misiones Conjuntas con otras Fuerzas Militares**

    La unidad de comunicaciones ha participado en ejercicios militares conjuntos enfocados en el entrenamiento de sistemas de comunicación en colaboración con fuerzas armadas de países aliados. Estas actividades se realizan como parte de **Acuerdos de Cooperación en Defensa**[18], con el objetivo de mejorar la coordinación, compartir conocimientos técnicos y fortalecer las capacidades operativas conjuntas.

    ❖ Durante la Guerra Fría, Honduras se consolidó como un aliado estratégico de Estados Unidos en Centroamérica. En este contexto, el país desempeñó un papel clave en las iniciativas de defensa regional, sirviendo como base para operaciones militares y actividades destinadas a contrarrestar amenazas de insurgencias en países vecinos. La cooperación militar incluyó entrenamientos especializados, donde unidades como las de comunicaciones jugaron un rol esencial en garantizar la efectividad y la interconexión de las fuerzas aliadas.

    ❖ La unidad de comunicaciones ha participado en intercambios de conocimientos técnicos, programas de capacitación y transferencia de tecnología con fuerzas militares extranjeras. Estos intercambios se han llevado a cabo con países como Colombia, Estados Unidos y las naciones que forman parte de la Conferencia de Fuerzas Armadas Centroamericanas

---

[18] *CONVENIO BILATERAL DE AYUDA MILITAR ENTRE EL GOBIERNO DE HONDURAS Y EL GOBIERNO DE LOS ESTADOS UNIDOS. OTHONIEL GROSS, MAYOR DEL EJÉRCITO DE HONDURAS. Licenciado en Ciencias Militares, Universidad de Defensa de Honduras, Honduras, 2010 https://apps.dtic.mil/sti/tr/pdf/ADA603664.pdf*

(CFAC). El objetivo de estas colaboraciones es fortalecer la confianza mutua y mejorar las capacidades en sistemas de comunicaciones, asegurando una mayor interoperabilidad entre las fuerzas armadas. Este tipo de cooperación fomenta la modernización tecnológica y permite compartir experiencias, para enfrentar desafíos comunes de manera más eficiente.

2. **Cooperación con Organismos Civiles y Gubernamentales**

La unidad de comunicaciones ha colaborado activamente con organismos gubernamentales, trabajando de manera conjunta con instituciones como la Policía Nacional, los Cuerpos de Bomberos, la Cruz Roja Hondureña, los Comités de Emergencia y el Sistema Nacional de Gestión de Riesgos (SINAGER). Su labor ha sido clave, para garantizar comunicaciones eficientes durante operativos de seguridad, emergencias y actividades masivas de la población.

Entre las principales acciones de cooperación con estas instituciones estatales se incluyen:

- ❖ Establecimiento de redes de comunicación mediante la implementación de sistemas que aseguran la conectividad durante situaciones críticas.

- ❖ Apoyo de personal especializado y equipos tecnológicos, para reforzar las capacidades operativas de la institución.

- ❖ Adiestramiento y capacitación de comunicaciones del uso de tecnologías y procedimientos que optimizan las operaciones.

Las acciones de cooperación han permitido realizar rescates, distribuir ayuda humanitaria y manejo de crisis, en coordinación con ONG y organizaciones comunitarias, para atender de manera efectiva las necesidades de la población.

SECCIÓN VII. LEGADO Y FUTURO DE COMUNICACIONES

1. Contribución Histórica del Desarrollo de Comunicaciones del País

Las telecomunicaciones en Honduras fueron desarrolladas desde sus inicios por el **sector estatal**[19], en especial durante la década de los años setenta y ochenta. Las telecomunicaciones eran consideradas como parte de la seguridad nacional, razón por la cual desde la fundación de HONDUTEL en 1977 y hasta mediados de la década de los años noventa, las telecomunicaciones del país estuvieron bajo la tutela de las Fuerzas Armadas de Honduras. Adicionalmente, la estrategia de modernización era concebida dentro del marco de la conservación y fortalecimiento del monopolio estatal, limitando el ingreso de otras empresas a los diferentes segmentos de la industria. La historia de las telecomunicaciones en Honduras comenzó en 1876, cuando siendo presidente de la República el doctor **Marco Aurelio Soto**[20], se construyeron las primeras líneas telegráficas, que unían a las ciudades de Comayagua y La Paz.

En 1877, fue creada la Dirección General de Telégrafos, que manejaba las comunicaciones alámbricas en el país y que, en 1928, fue redefinida como Dirección General de Telégrafos y Teléfonos. Las primeras concesiones de servicio telefónico fueron otorgadas en 1891 y el servicio automático comenzó a operar en 1932 con la instalación de una central telefónica de 1000 líneas en la ciudad de Tegucigalpa. Los servicios de radiodifusión comenzaron a operar con la llegada de la Tropical Radio Telegraph Company (TRT). Esta empresa obtuvo una concesión del Gobierno de Honduras en 1921 para explotar en forma única

---

[19] *Competencia y regulación en las telecomunicaciones: el caso de Honduras Marlon R. Tabora.*
https://repositorio.cepal.org/server/api/core/bitstreams/f8af2178-5c73-4c32-8d8b-106c62235d8f/content

[20] *Competencia y regulación en las telecomunicaciones: el caso de Honduras Marlon R. Tábora*
https://repositorio.cepal.org/server/api/core/bitstreams/f8af2178-5c73-4c32-8d8b-106c62235d8f/content#:~:text=La%20historia%20de%20las%20telecomunicaciones,de%20Comayagua%20y%20La%20Paz.

y exclusiva, por un período de 50 años, las comunicaciones de Radiotelegrafía, Telefonía Internacional y Radiodifusión.

En 1932, se creó la Dirección de Comunicaciones Eléctricas, con el propósito de manejar la red telegráfica. En 1964 se creó la Dirección General de Telecomunicaciones y se instaló el primer sistema de microondas en el país, para interconectar las ciudades de Tegucigalpa y San Pedro Sula.

En 1976, mediante decreto Ley No. 431, se creó HONDUTEL, la cual comenzó a operar en 1977, iniciando la historia moderna de las telecomunicaciones en el país. HONDUTEL surgió como una empresa estatal descentralizada, con personería jurídica, patrimonio propio y de duración indefinida, dentro de sus atribuciones tenía la responsabilidad de prestar servicios de telecomunicaciones y administrar el espectro radioeléctrico. Asimismo, a HONDUTEL se le otorgaron las atribuciones de reglamentar y autorizar la instalación y funcionamiento de las estaciones radioeléctricas de radioaficionados, científicas, culturales, televisión y servicios de telecomunicaciones en general.

La creación de HONDUTEL se fundamentó en que las telecomunicaciones constituyen un servicio público de vital importancia para el desarrollo económico y social del país, buscando con ello regular la tecnificación, modernización y expansión del sistema de telecomunicaciones en Honduras a fin de lograr una mayor eficacia en la dirección y administración al alcanzar un nivel de rentabilidad acorde con el incremento de los servicios.

2. **Desafíos y Metas de la Unidad de Comunicaciones**

Los desafíos y metas del batallón de comunicaciones siempre han estado orientados a mejorar la capacidad operativa, adaptarse a nuevas tecnologías y responder a las necesidades estratégicas de la institución militar.

a. Desafíos en la adaptación de tecnologías han sido una constante para la unidad de comunicaciones, abarcando equipo, infraestructura y capacitación del personal. El campo de las comunicaciones avanza rápidamente, exigiendo la actualización y modernización de sistemas integrales que garanticen la interoperabilidad y seguridad en las transmisiones fundamentales, para las operaciones militares. A lo largo de su historia, la unidad ha destacado por mantenerse a la vanguardia de los avances tecnológicos en sistemas de comunicación. Ha proporcionado a la institución no solo herramientas digitales y cibernéticas que fortalecen la seguridad y eficiencia en las comunicaciones, sino también personal altamente preparado, para enfrentar los retos tecnológicos del presente y el futuro.

b. Metas de la unidad de comunicaciones están alineadas con la misión de las Fuerzas Armadas, que busca establecer un sistema de comunicaciones eficiente, rápido y seguro, adaptado a las necesidades de las operaciones militares. El sistema de comunicaciones es clave para garantizar la transmisión de información necesaria al mando en cualquier situación. Las metas más relevantes son las siguientes:

1) **Incorporar Equipos Modernos**; entre estos equipos están los sistemas de comunicación satelital, redes de fibra óptica y tecnologías 5G, para mejorar la velocidad, alcance y confiabilidad de las comunicaciones.

2) **Asegurar las Redes;** mediante el desarrollo de plataformas encriptadas que protejan las comunicaciones contra interferencias o accesos no autorizados, resguardando la confidencialidad de la información.

3) **Potenciar las Capacidades;** en los equipos móviles de comunicación de alta tecnología, permitiendo su despliegue rápido en zonas remotas o de conflicto.

4) **Garantizar Comunicaciones Efectivas;** durante desastres naturales o emergencias nacionales, asegurando una respuesta coordinada y oportuna.

3. **Proyección de Comunicaciones en un Mundo de Tecnologías Avanzadas**

   La proyección del rol del Batallón de Comunicaciones del Ejército de Honduras en un mundo con tecnología avanzada, ha tomado en cuenta su evolución desde finales de la década de los 70 hasta finales de los 90, refleja una transformación significativa en sus capacidades y funciones, impulsada por avances tecnológicos y su alineación con los estándares internacionales. A continuación, se presenta un análisis de su proyección.

   a. Consolidación como un Arma de Apoyo de Combate; El reconocimiento oficial en la Ley Constitutiva de las Fuerzas Armadas **(1985)**[21]: La designación del Arma de Comunicaciones como parte esencial del Ejército, la Fuerza Aérea y la Fuerza Naval destaca su rol como un componente fundamental en la planificación y ejecución de operaciones militares. El apoyo táctico y operacional; la unidad de comunicaciones garantiza la conectividad entre mandos y tropas, fortaleciendo la capacidad de Mando y Control (C2) en tiempo real, incluso en condiciones adversas.

   b. Interoperabilidad y ejercicios combinados como ser: Los acuerdos bilaterales en los años 70s, los ejercicios conjuntos combinados fortalecieron la interoperabilidad entre las Fuerzas Armadas de Honduras y Estados Unidos. La Unidad de Comunicaciones jugó un papel crucial al adaptarse a estándares internacionales, como el uso de sistemas compatibles con las fuerzas aliadas. La transferencia tecnológica de los acuerdos permitió la introducción de tecnologías avanzadas en

---

[21] *Ley Constitutiva de las Fuerzas Armadas de Honduras.*
https://www.tsc.gob.hn/biblioteca/index.php/leyes/5-ley-constitutiva-de-las-fuerzs-armadas-de-honduras

comunicaciones seguras, mejorando la capacidad del batallón para operar en entornos exigentes.

c. La adopción del modelo C4I a finales de los 80s, Comando, Control, Comunicaciones, Informática e Inteligencia (C4I): La influencia de este modelo en las Fuerzas Armadas de Honduras marcó el inicio de una era en la que las comunicaciones no solo facilitaban la transmisión de órdenes, sino que también se integraban con sistemas de inteligencia e informática para la toma de decisiones estratégicas. El enfoque en seguridad e interoperabilidad, dio paso a la implementación de tecnologías de comunicación seguras, interoperables y encriptadas que permitieron al batallón coordinar operaciones en misiones críticas con mayor eficacia.

d. Transformación digital y la modernización en los años 90s, el Ejército de Honduras comenzó a integrar sistemas informáticos, mejorando la planificación, coordinación y ejecución de operaciones militares. El Batallón de Comunicaciones fue clave en esta transformación, asegurando la interoperabilidad entre los nuevos sistemas digitales.

e. El Plan Estratégico de Modernización de Fuerzas Armadas, visualiza estándares más altos de eficiencia en el uso de tecnologías de la información y comunicación (TIC), permitiendo mando y control oportuno, mejoras en la capacidad de respuesta a través de una infraestructura robusta de telecomunicaciones. Además, la planificación precisa del uso de herramientas tecnológicas para optimizar la logística y la gestión operativa.

f. La proyección en un mundo con tecnología avanzada, la evolución tecnológica requiere que la Unidad de Comunicaciones adopte sistemas de comunicaciones basados en redes de próxima generación, como el 5G, satélites y sistemas encriptados de alto rendimiento. La capacitación continua del personal exigirá entrenamiento especializado, para manejar equipos avanzados y adaptarse a un entorno militar cada vez más dependiente de tecnologías digitales.

g. Soporte a operaciones multidominio, la unidad podría desempeñar un rol en la integración de operaciones terrestres, aéreas, navales y cibernéticas, facilitando la coordinación entre diferentes ramas de Fuerzas Armadas.

h. La evolución de las comunicaciones en las Fuerzas Armadas de Honduras ha pasado de ser un soporte básico para la transmisión de órdenes y la coordinación táctica, a convertirse en un elemento estratégico clave. Este desarrollo incluye el enfoque en la interoperabilidad, la seguridad cibernética y la integración tecnológica.

En un mundo con tecnología avanzada, además de contar con un Batallón de Comunicaciones, sería esencial la creación de un Comando de Ciberseguridad. Este comando fortalecería la protección de infraestructuras críticas, garantizaría la seguridad de las comunicaciones y  reforzaría las capacidades operativas del país ante amenazas digitales.

De esta manera, el sistema de comunicaciones y la ciberseguridad se posicionarían como un pilar fundamental, para la modernización y eficacia operativa de Fuerzas Armadas y la seguridad estratégica del Estado de Honduras.

4. Reflexiones y Análisis Critico

La Unidad de Comunicaciones optimiza su eficiencia operativa mediante una ubicación estratégica, la selección adecuada de equipos tecnológicos y la capacitación del personal. La correcta asignación de especialistas en comunicaciones es clave para el éxito de las misiones militares. Además, los ejercicios conjuntos con entes gubernamentales y ejércitos de la región fortalecen la coordinación y la interoperabilidad, mejorando la respuesta ante desafíos estratégicos.

a. **La Ubicación de la Unidad de Comunicaciones**

A lo largo de su historia, la Unidad de Comunicaciones, al igual que otras unidades, ha tenido que trasladarse de lugar en varias ocasiones. Entre 1994 y 1997, la unidad careció de una ubicación estable, lo que dificultó el desarrollo de sus funciones. Durante ese período, operó sin un espacio adecuado, lo que afectó su infraestructura y ralentizó sus operaciones. En 1997, finalmente se asignó un lugar con las condiciones necesarias para el correcto funcionamiento de los sistemas de comunicaciones. Esto permitió superar las limitaciones previas, mejorando la eficiencia y el desempeño de la unidad.

El principal obstáculo que enfrentó fue la falta de infraestructura adecuada y el espacio insuficiente. Para solucionarlo, el mando llevó a cabo estudios de factibilidad y encontró una ubicación más apropiada. De cara al futuro, es fundamental considerar la importancia de una ubicación estratégica de la unidad insigne del Ejército, garantizando así su operatividad y eficiencia.

b. **La Selección Adecuada de Equipos Tecnológicos en Operaciones Militares**

La Unidad de Comunicaciones ha experimentado una evolución tecnológica significativa, pasando de sistemas analógicos básicos a modernos equipos digitales. Esta modernización ha mejorado la velocidad, seguridad y eficiencia en las transmisiones, optimizando así las operaciones militares. Sin embargo, no todas las tecnologías disponibles son adecuadas, para el entorno operativo de las Fuerzas Armadas. Algunas, aunque avanzadas, no son lo suficientemente robustas para resistir condiciones adversas en el campo, lo que puede afectar la efectividad de las comunicaciones.

Por ello, la unidad ha aprendido a evaluar cuidadosamente el lugar donde se llevará a cabo cada misión y su nivel operativo antes de seleccionar los equipos tecnológicos. La prioridad es garantizar que los sistemas sean resistentes, de fácil manejo para el personal técnico y capaces de mantener la fluidez y seguridad en las comunicaciones. Para futuras operaciones, es fundamental analizar el entorno y las condiciones operativas antes de elegir los equipos. De esta manera, se evitarán retrasos y se asegurará una comunicación efectiva, contribuyendo al éxito de las misiones militares.

c. **La Importancia de la Capacitación y Asignación del Personal en Comunicaciones Militares**

La capacitación del personal en la Unidad de Comunicaciones es un proceso continuo que abarca todos los niveles de conocimiento, permitiendo el dominio de los espacios radioeléctricos, electromagnéticos y cibernéticos. La creación de la Escuela de Comunicaciones ha sido clave para fortalecer esta formación, combinando teoría con ejercicios prácticos y simulaciones realistas. Esto ha mejorado significativamente las habilidades del personal y su desempeño en escenarios operativos.

Sin embargo, un desafío recurrente ha sido la reasignación de personal capacitado a otras actividades, lo que reduce la efectividad del apoyo a las operaciones militares. Para evitar esta problemática, la unidad mantiene un registro detallado de la capacitación de ingenieros, técnicos y operadores de equipos tecnológicos, asegurando que el personal adecuado sea designado para cada misión. Para optimizar las operaciones militares, es fundamental que el personal capacitado permanezca en funciones estratégicas.

d. El Fortalecimiento de la Interoperabilidad a través de Ejercicios Conjuntos

La Unidad de Comunicaciones, ha participado activamente en ejercicios conjuntos con organismos gubernamentales y ejércitos de países como Colombia, Estados Unidos y las naciones miembros de la Conferencia de Fuerzas Armadas Centroamericanas (CFAC). Estas colaboraciones han sido fundamentales para fortalecer la confianza mutua y mejorar la interoperabilidad en los sistemas de comunicaciones militares.

Sin embargo, uno de los principales desafíos ha sido la necesidad de revisar y actualizar constantemente los convenios pactados entre los países, ya que estos establecen las facultades y limitaciones en el desarrollo de operaciones militares conjuntas.

Para superar este obstáculo, la Unidad de Comunicaciones ha desarrollado un compendio de manuales estandarizados que regulan el uso de las comunicaciones entre instituciones gubernamentales y ejércitos de la región. Esto ha permitido optimizar la coordinación y garantizar el cumplimiento de los acuerdos internacionales, facilitando una respuesta más eficiente en escenarios operativos.

e. La Importancia del Protocolo de Comunicaciones en el Ámbito Militar

El protocolo de comunicaciones en el ámbito militar tiene como objetivo mantener viva la tradición de la comunicación estratégica, adaptándose a los cambios en los espacios radioeléctricos, electromagnéticos y cibernéticos. Esta tradición se sustenta en principios como el uso de códigos y claves, el entrenamiento constante, la formación académica, la lealtad y la confidencialidad.

Sin embargo, uno de los principales desafíos es el riesgo de olvidar los principios fundamentales de la comunicación militar. **Seguridad, Efectividad y Rapidez** (SER) en la transmisión de información. Si estos aspectos se descuidan, la integridad de las operaciones puede verse comprometida.

Para garantizar una comunicación eficiente en el ámbito militar, es esencial reforzar el aprendizaje de la doctrina militar y adaptar los medios de comunicación a las necesidades operacionales. Esto permitirá mantener un sistema de comunicaciones seguro, eficaz y ágil, alineado con los requerimientos estratégicos de las misiones del Ejército.

SECCIÓN VIII. IMPORTANCIA DEL BATALLÓN DE COMUNICACIONES

1. **La Importancia de la Unidad de Comunicaciones**

   El Batallón de Comunicaciones ha sido una pieza clave para la institución militar desde su creación, actuando como un pilar fundamental en el manejo de los sistemas de comunicaciones durante operaciones estratégicas, operativas y tácticas. Su importancia radica en varias áreas destacadas:

   a. La unidad ha sido confiable en garantizar comunicaciones seguras y eficientes, fortaleciendo las capacidades operativas de Fuerzas Armadas en diversas misiones.

   b. El trabajo ha ido más allá del ámbito militar, impulsando el avance de las tecnologías de comunicación en beneficio del país.

   c. La unidad se ha distinguido por mantenerse al día con los avances tecnológicos, adoptando sistemas de comunicación modernos, para garantizar la efectividad y la seguridad en las operaciones militares.

   d. Ha destacado su capacidad junto a Fuerzas Armadas en misiones de paz bajo tratados internacionales.

   e. La unidad ha desempeñado un papel activo contra el narcotráfico, proporcionando herramientas y personal que contribuyen a combatir esta amenaza a nivel nacional e internacional mediante operaciones conjuntas.

   f. En emergencias y desastres naturales, la unidad ha desplegado personal y medios tecnológicos esenciales de apoyo a las comunidades afectadas, protegiendo vidas y bienes en situaciones críticas.

   g. Ha participado en programas de conservación del ecosistema, reafirmando su compromiso con la protección del medio ambiente.

2. Relevancia de la Unidad de Comunicaciones en FFAA y el País

A lo largo de su historia, las **Fuerzas Armadas de Honduras**[22] han sido una institución nacional permanente, dedicada a servir al país con un carácter esencialmente profesional, apolítico, obediente y no deliberante. Desde su creación, su misión ha sido clara: proteger la integridad territorial y la soberanía de la República, mantener la paz y el orden público, y garantizar el respeto a la Constitución, los principios del sufragio libre y la alternancia democrática en la Presidencia.

En el contexto del nuevo milenio, la institución enfrentó importantes desafíos de adaptación a las demandas de la época. Estas exigencias requirieron un alto grado de versatilidad y la incorporación de equipamiento moderno, para hacer frente a nuevas amenazas. Entre estos avances destacó el uso de tecnología avanzada, que permitió asegurar la transmisión eficiente de información dentro de la institución a través la Unidad de Comunicaciones del Ejército, consolidando su papel en la defensa y estabilidad del país.

La **visión** de la Unidad de Comunicaciones es alcanzar los más altos estándares de eficiencia en el uso de la tecnología. Esto permitirá una coordinación efectiva a través de la integración de diversos medios de comunicación, facilitando la planificación y ejecución de las operaciones. Además, garantizará un mando y control efectivos durante su desarrollo. La **misión** de la Unidad de Comunicaciones consiste en establecer un sistema efectivo y adaptable que permita conectar a las unidades militares durante operaciones, tanto en tiempos de paz como en situaciones de crisis. Este sistema utiliza los recursos disponibles para garantizar la transmisión y recepción de información de manera oportuna y en tiempo real, asegurando la eficiencia en las operaciones militares.

---

[22] *Ley Constitutiva de las Fuerzas Armadas de Honduras.*
https://www.tsc.gob.hn/biblioteca/index.php/leyes/5-ley-constitutiva-de-las-fuerzs-armadas-de-honduras

Anexos

1. Fotografías Históricas del Primer Batallón de Comunicaciones

   El Ocotal Francisco Morazán, enero de 1970

2. **Mística de Comunicaciones**

   a. **Heráldica del Monograma de la Unidad de Comunicaciones**

   El Primer Batallón de Comunicaciones tiene su monograma, el cual se describe de la siguiente manera:

   - Dos banderolas que representan la comunicación visual utilizada desde tiempos muy antiguos por diferentes grupos sociales, las antiguas embarcaciones, Boys Scout, también han sido utilizadas para guiar o dirigir a los aviones.
   - La antorcha, representa la sabiduría e inteligencia del personal de comunicaciones en el desempeño y cumplimiento de la misión.
   - La paloma mensajera, representa el medio más antiguo de comunicaciones, el cual es "Es el mensajero". La historia de Comunicaciones se remonta hasta los tiempos de Noé, cuando la paloma mensajera fue enviada para verificar si las aguas habían bajado a su nivel normal y el mensaje que la paloma traía en su pico fue una hoja de olivo, informando que la tierra había sido despejada por las aguas.
   - Número "1" y letra "C" al centro significa PRIMER BATALLÓN DE COMUNICACIONES.
   - Los rayos, representan la velocidad y la forma en que las ondas electromagnéticas se propagan en el espacio. En la base de la insignia

sobre sale el símbolo de un radar, el cual es utilizado para realizar la guerra electrónica.

- ❖ Los colores del monograma representan:

  Azul; la justicia, celo, verdad y lealtad.

  Rojo; denota fortaleza, victoria, osadía, alteza y ardid.

  Blanco; denota firmeza, vigilancia y elocuencia.

  Amarillo; simboliza nobleza, riqueza, poder, luz y sabiduría.

  Negro; denota prudencia, rigor, honestidad y obediencia.

  Verde; denota esperanza, fe, amistad, servicio y respeto.

  Naranja; denota comunicación social, entusiasmo, valor y dinamismo.

b. **Himno de Comunicaciones**

HIMNO DE COMUNICACIONES

CORO

Comunicante que adelante están

Para instalar, operar y mantener

Todos los medios de comunicaciones

Arma de comando y orgullo que son.

ESTROFA

Sea por aire, por tierra y por mar

Las trasmisiones son la prioridad

Para el enemigo siempre vencer

En cualquier campo del espectro radial.

CORO

Comunicante que adelante están

Para instalar, operar y mantener

Todos los medios de comunicaciones

Arma de comando y orgullo que son.

c. **Brindis de Comunicaciones**

d. **Legado de Comunicaciones**[23]

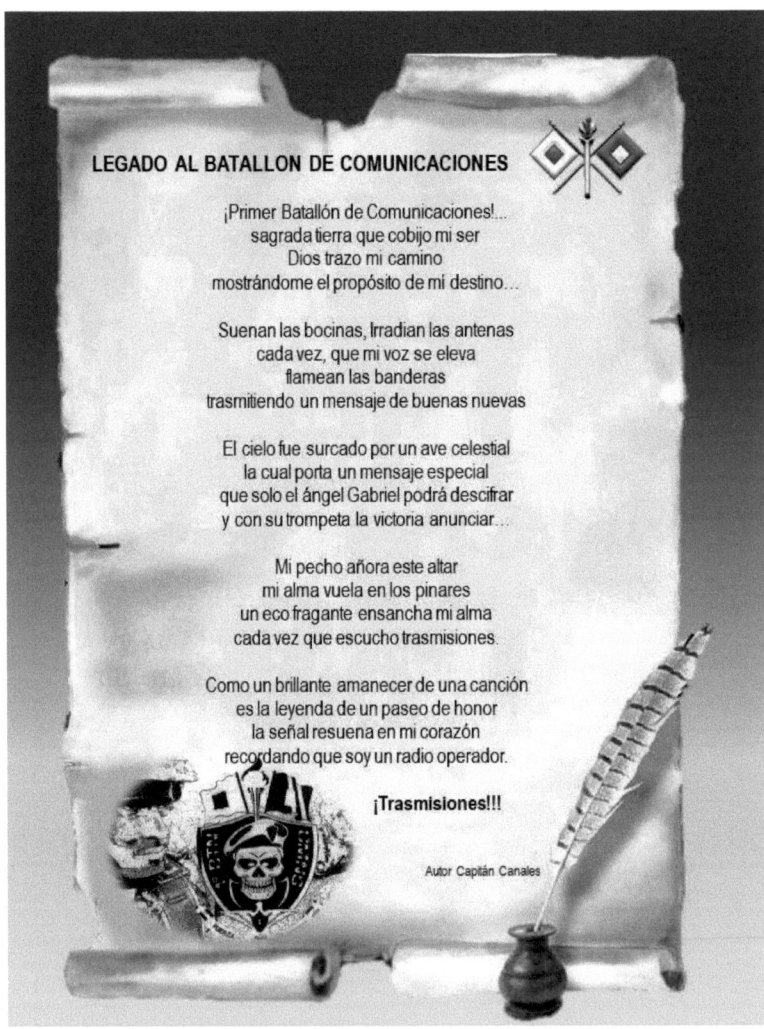

---
[23] *Capitán de Comunicaciones Daniel Isaac Canales Laínez*

e. **El Santo de los Comunicantes**

San Gabriel Arcángel, cuyo nombre significa "Fortaleza de Dios" ocupa un lugar destacado en las religiones abrahámicas. En los evangelios, específicamente en Lucas 1:26, se narra cómo fue enviado por Dios como mensajero para anunciar a la Virgen María el nacimiento de Jesús, desempeñando un papel fundamental en la historia cristiana.

San Gabriel es también el santo patrono del Arma de Comunicaciones, venerado por hombres y mujeres que, con profesionalismo y dedicación, trabajan para establecer y mantener los sistemas de comunicación. Estos sistemas son esenciales para garantizar el comando y control dinámico de las operaciones, tanto en tiempos de paz o crisis. Su figura inspira fortaleza, precisión y compromiso en quienes desempeñan esta labor estratégica.

f. **Estatuilla de Comunicaciones**

La estatuilla del Soldado Radioperador representa a un soldado en posición de rodilla en tierra sobre una base, sosteniendo un fusil en una mano y utilizando un radio con la otra. Su uniforme de combate, compuesto por casco, chaleco táctico y botas, simboliza que se encuentra en una zona de conflicto. A su lado, hay una antena o equipo de comunicación, lo que refuerza la idea de que está transmitiendo información.

Esculpida en bronce, esta estatuilla se entrega en los aniversarios del Primer Batallón de Comunicaciones como un reconocimiento a Comandantes y personal que han gestionado proyectos clave en el área de comunicaciones. Su propósito es honrar la dedicación y el compromiso de quienes contribuyen al desarrollo y fortalecimiento de las capacidades de comunicación dentro de las Fuerzas Armadas

g. **Aniversario**

La Unión Internacional de Telecomunicaciones[24] (UIT) es un organismo especializado de la Organización de las Naciones Unidas (ONU), con sede en Ginebra, Suiza. Fue fundada en 1865 con la firma del primer Convenio Telegráfico Internacional en París, marcando un hito en la historia de las telecomunicaciones.

- ❖ Desde 1969, se celebra el Día Mundial de las Telecomunicaciones cada 17 de mayo para conmemorar tanto la fundación de la UIT como la firma de este importante convenio. La conmemoración fue formalmente instituida por la Conferencia de Plenipotenciarios de Málaga-Torremolinos en 1973. Este día busca destacar el impacto de las telecomunicaciones en la sociedad y su papel en el desarrollo global.

- ❖ El Día Mundial de la Sociedad de la Información se originó en noviembre de 2005 durante la Cumbre Mundial sobre la Sociedad de la Información (CMSI). En ese encuentro, se solicitó a la Asamblea General de las Naciones Unidas declarar el 17 de mayo como fecha oficial para este día, con el objetivo de destacar la importancia de las Tecnologías de la Información y la Comunicación (TIC) y abordar las cuestiones relacionadas con la sociedad de la información planteadas por la CMSI.

En marzo de 2006, la Asamblea General adoptó la Resolución A/RES/60/252, estableciendo oficialmente que el Día Mundial de la Sociedad de la Información se celebrará cada año el 17 de mayo. Esta conmemoración busca promover el uso de las TIC para el desarrollo social y económico, así como reflexionar sobre los retos que enfrenta la sociedad de la información.

---

[24] *Comprometida para conectar al mundo https://www.itu.int/es/Pages/default.aspx#/es*

❖ Las Telecomunicaciones en Honduras han avanzado a un ritmo, innovando en ellas casi al mismo tiempo que los demás países. Honduras incursionó en la telegrafía en 1876, en la telefonía en 1891 y en 1928 comenzaron las primeras transmisiones radiales en el país.

La Comisión Nacional de Telecomunicaciones[25] (CONATEL) conmemora cada 17 de mayo el Día de las Telecomunicaciones, el Internet y la Sociedad de la Información. Esta celebración se enmarca en los objetivos de la Agenda 2030 para el Desarrollo Sostenible, aprobada mediante la Resolución A/70/01 de la Asamblea General de las Naciones Unidas.

CONATEL reconoce que la expansión de las tecnologías de la información y la comunicación (TIC), así como la interconexión global, desempeñan un papel crucial en el progreso humano. Además, estas herramientas tienen el potencial de reducir significativamente la brecha digital, promoviendo un acceso equitativo a los beneficios del desarrollo tecnológico en todo el mundo.

❖ En 1976, el Ejército de Honduras creó el Cuerpo de Señales, con el objetivo de mejorar las capacidades de comunicación dentro de las Fuerzas Armadas. Durante esa década, los gobiernos de Honduras y Estados Unidos firmaron acuerdos, para realizar ejercicios militares conjuntos, lo cual ayudó a fortalecer la capacidad operativa del Ejército Nacional.

❖ El **1 de septiembre de 1987** se activó el Primer Batallón de Comunicaciones, una unidad clave dentro de las Fuerzas Armadas de

---

[25] Telecomunicaciones CONATEL Gobierno de la República https://www.conatel.gob.hn/

Honduras, mediante el acuerdo No. 2192. Este batallón ha desempeñado un papel fundamental en el apoyo a las operaciones militares, garantizando la eficiencia del comando y control en diversas misiones. Su aniversario es una oportunidad para reconocer su valiosa contribución a la seguridad y al desarrollo de las Fuerzas Armadas de Honduras.

Siglas y Acrónimos

5G	Redes Móviles que Utilizan Tecnologías de Quinta Generación
BATCOM	Batallón de Comunicaciones
C2	Comando y Control
C3I	Comando, Control, Comunicaciones e Inteligencia
C4	Comando, Control, Comunicaciones y Computación
C4I	Comando, Control, Comunicaciones, Computación e Inteligencia
CAME	Centro de Adiestramiento Militar del Ejército
CFAC	Conferencia de Fuerzas Armadas Centroamericanas
CMSI	Cumbre Mundial de la Sociedad de la Información
CNPP	Comisión Nacional de Protección Portuaria
CONATEL	Comisión Nacional de Telecomunicaciones
DEM	Diplomado en Estado Mayor
ESCOMFFAA	Escuela de Comunicaciones de Fuerzas Armadas
FADEP	Faculty Development Program
FFAA	Fuerzas Armadas
HF	High Frecuency
HONDUTEL	Empresa Hondureña de Telecomunicaciones
MAP	Military Assistance Program
MDC	Municipio del Distrito Central
MINUSTAH	Misión de Estabilización de las Naciones Unidas en Haití
ONG	Organización No Gubernamental
ONU	Organización de Naciones Unidas
RRHH	Recursos Humanos
SINAGER	Sistema Nacional de Gestión de Riesgos
TRT	Tropical Radio Telegraph Company
UDH	Universidad de Defensa de Honduras
UHF	Ultra High Frecuency
UIT	Unión Internacional de Telecomunicaciones
VHF	Very High Frecuency
SER	Seguridad, Efectividad y Rapidez

Palabras más Buscadas

Armadas, Batallón, Comunicaciones, Control, Ejército, Fuerzas, Honduras, Información, Infraestructura, Mando, Militares, Misiones, Modernización, Operaciones, Radios, Seguridad, Sistemas, Tecnologías, Telecomunicaciones y Unidades.

Biografía del Autor

Norman Alexis Colindres Pinoth es un destacado profesional originario de las pampas olanchanas, en Honduras, Centroamérica. Su trayectoria académica y militar demuestra un profundo compromiso con la excelencia y el servicio a su país.

Obtuvo estudios superiores en la Universidad Nacional Autónoma de Honduras (UNAH) y se graduó como Oficial en la Academia Militar de Honduras General Francisco Morazán (AMHGFM), formando parte de las Fuerzas Armadas de Honduras. Durante más de dos décadas, ha laborado en el área de comunicaciones de la institución militar, destacando su experiencia, dedicación y profesionalismo.

Su interés por el desarrollo tecnológico y el bienestar social lo llevó a compilar la **Reseña Histórica del Primer Batallón de Comunicaciones**, un documento que promueve la reflexión sobre el uso responsable de la tecnología, enfocado en satisfacer las necesidades estratégicas de comunicaciones dentro de Fuerzas Armadas.

Notas y Recomendaciones

Estimado lector; sus recomendaciones y sugerencias serán de gran ayuda para esta compilación. Por favor, envíelas a:

Norman Alexis Colindres Pinoth

Tegucigalpa, Honduras, Centroamérica

Correo electrónico: colin360grados@gmail.com / alexalcol@icloud.com

Teléfono: (+504) 9516-2270

LA VOZ DEL COMANDO Y CONTROL

Nota:

Cada sección de esta compilación está basada en el análisis de las experiencias del autor. Las imágenes incluidas son de dominio público. Agradezco las Remembranzas del Señor Wildt Yates, así como la contribución de la Inteligencia Artificial, la Clave Morse y el Sistema Braille.

I want morebooks!

Buy your books fast and straightforward online - at one of world's fastest growing online book stores! Environmentally sound due to Print-on-Demand technologies.

Buy your books online at
www.morebooks.shop

¡Compre sus libros rápido y directo en internet, en una de las librerías en línea con mayor crecimiento en el mundo! Producción que protege el medio ambiente a través de las tecnologías de impresión bajo demanda.

Compre sus libros online en
www.morebooks.shop

info@omniscriptum.com
www.omniscriptum.com

Printed by Books on Demand GmbH, Norderstedt / Germany